U0935820

珍藏本
纪念版

汉译世界学术名著丛书

判断力批判

上卷

审美判断力的批判

〔德〕康德 著

宗白华 译

2017年·北京

Immanuel Kant

KRITIK DER URTEILSKRAFT

本书据德文版本 Grossherzog Wilhelm Ernst
Ausgabe,Druck von Breitkopf und Härtel
in Leipzig 译出

汉译世界学术名著丛书
（120年纪念版·珍藏本）
出 版 说 明

2017年2月11日，商务印书馆迎来120岁的生日。120年前，商务印书馆前贤怀揣文化救国的理想，抱持“昌明教育，开启民智”的使命，立足本土，放眼寰宇，以出版为津梁，沟通中西，为中国、为世界提供最富智慧的思想文化成果。无论世事白云苍狗，潮流左右激荡，甚至战火硝烟弥漫，始终践行学术报国之志，无改初心。

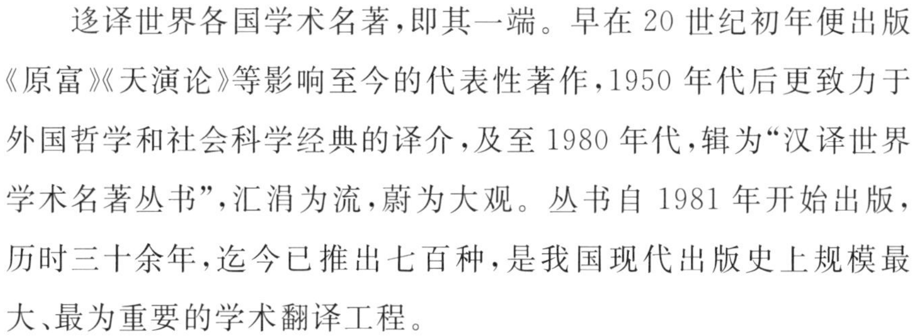

逐译世界各国学术名著，即其一端。早在20世纪初年便出版《原富》《天演论》等影响至今的代表性著作，1950年代后更致力于外国哲学和社会科学经典的译介，及至1980年代，辑为“汉译世界学术名著丛书”，汇涓为流，蔚为大观。丛书自1981年开始出版，历时三十余年，迄今已推出七百种，是我国现代出版史上规模最大、最为重要的学术翻译工程。

丛书所选之书，立场观点不囿于一派，学科领域不限于一门，皆为文明开启以来，各时代、各国家、各民族的思想与文化精粹，代表着人类已经到达过的精神境界。丛书系统译介世界学术经典，

引领时代思想，为本土原创学术的发展提供丰富的文化滋养，为推动中国现代学术和现代化进程做出了突出的贡献。

为纪念商务印书馆成立120周年，我们整体推出“汉译世界学术名著丛书”120年纪念版的珍藏本，寄望既利于文化积累，又便于研读查考，同时向长期支持丛书出版的译者、编者和读者致以敬意。

两甲子后的今天，商务印书馆又站在了一个新的历史时间节点上。我们不仅要铭记先辈的身影和足迹，更须让我们的步伐充满新的时代精神。这是商务人代代相传的事业，更是与国家和民族的命运始终紧密相连的事业。我们责无旁贷，必须做好我们这代人的传承与创造，让我们的努力和成果不仅凝聚成民族文化的记忆，还能成为后来人可以接续的事业。唯此，才能不负前贤，无愧来者。

商务印书馆编辑部

2017年10月

目　　录

序

第一版——1790 年

人们可以把基于先验原理的认识能力唤作纯粹理性，而对于它的可能性及界限的研究，一般称作纯粹理性批判：尽管人们对于这项能力只理解为理性在它的理论的运用里，像在第一部批判著作里在这个名义下所做的那样。而这理性的机能作为实践理性，按照它的特殊诸原理来研究，还不是我们现在所要做的事。因此前者仅是从事于研究我们的先验的认识能力，排除掉它和愉快及不快情绪以及欲求机能的混和；并且在认识能力里面只研究悟性，探究这悟性的先验原理，排除判断力和理性（它们作为属于理论认识的诸能力），因为在这项进行里，除掉悟性外，没有别的认识能力给予我们构成性的先验认识原理。因此这个批判全面地清理出各个部分在认识总体里所占有的，自认为源出于自身根底里的一份，剩下来的没有别的了，只是先验的悟性对于自然（作为现象界的全体）所定下的规律。（它的形式也是先验地被给予着）。一切别的纯粹的概念都被编进观念界里去。这些观念对于我们的理论认识能力是超验的。却又不是无用的或可以缺少的，而是作为调节原

理被运用着：作为调节原理，一部分是控制着悟性的非正式的权利，自以为它——当它能够指出一切它所认识的物界的可能性的先验诸条件时——也能把一切物的可能性包括在这范围之内。调节原理却又领导着悟性自己在观察大自然时按照着完整性原则，尽管这个是永不能达到的，却推动一切知识向往着最后的目标。

所以真正的说来，是悟性，它在认识诸能力里具有它自己的领域，那就是在它含有构成性的先验的认识诸原理的限度内。通过一般所称为“纯粹理性批判”，它稳固地保障了它独有的财产。

同样，那个只在欲求能力的领域内具有着构成性先验原理的理性，就是实践理性。

那么，在我们的认识能力的总体的秩序里，介于悟性与理性之间的中间体，判断力，是否也为它自己的领域具有着先验原理呢？

这项先验原理是构成性的呢？还是调节性的——这就是不证明它有自己的领域——呢？它们是否对于愉快或不快情绪（作为介乎认识能力与欲求能力之间的中介体）提供先验的法规呢？（正像悟性对于前者，理性对于后者，先验地定下法规那样）。

我们现在的“判断力批判”正是从事于这些问题的探究。

纯粹理性，这就是我们按照着先验原理来评判的能力，一个对于它的批判分析将会是不完备的，假使判断力的批判不作为它的一部分来处理的话。判断力作为认识能力也自身要求着这个，虽然它的诸原理在一个纯粹哲学的体系内将不构成一个特殊部门介于理论的与实践的部分之间，而是在必要的场合能够临时靠拢两方的任何一方。

因为，如果一个这样的体系在形而上学的一般名义下要想成立的话（全部完整地实现这个目的是可能的，而且对于理性的运用在各方的关系中是极其重要的）：那么，批判就必须对于这个建筑物的基地预先做好那样深的钻探，以便这个建筑不在任何部分沉陷下去，因而使全体不可避免地倒塌下来。这基地就是那不系属于经验的诸原理的第一层的根基。

人们却能够从判断力的本性里——它的正确的运用是这样必然地和普遍地需要着，因而在健全理智的名义下正意味着这个能力——容易知道，寻找出一个这样的原理是伴着许多巨大困难的。（因为它必须含有任何一个先验的东西在自身内，否则它作为一特殊认识能力将甚至于受到最普通意味的批判）这就是说它必须不是从先验诸概念里导引出来的。这些先验诸概念是隶属于悟性，而判断力却只从事于运用它们。所以判断力应自己提供一个概念，通过这概念却绝不是某一物被认识，而只是服务于它自己作为一法规，但又不是成为一个客观的法规，以便它的判断能适应这个法规，因为这样又将需要另一个判断力，来判别这场合是不是这法规能应用的场合了。

这种由于一个原理所感到的困惑（不管它是主观的还是客观的），主要是存在人们所称为审美的，涉及自然界或艺术里的优美与崇高的审美诸判断里面。因而在它里面批判地研究判断力的原理是这对于该种能力的批判中最关重要的部分。

因为尽管它们自身单独不能对于认识有所贡献，它们仍然只是隶属于认识能力而证明着这个能力对于愉快及不快情绪的直接关系,按照着任何一个先验原理,而不和那能成为欲求机能的规定基础相混合,因为后者的先验原理是存在诸概念里面的。

至于涉及对于自然的逻辑的判断,却因经验在事物中提示一种规律性,理解或说明这种规律性是感性里的一般悟性概念所不能达到的,而判断力能够从自己自身获致一个原理,即**自然事物和那不可认识的超感性界的关系的原理**。但这原理它也必须只为自己的企图在对自然的**认识**里使用着。这样一个先验原理固然能够和必须运用于对世界本体的认识,并且同时开示着对于实践理性有利的展望:但是它不具有对愉快及不快情绪的直接关系,而这却正是判断力原理中的谜样的东西。这东西必然构成了对于这项判断力的批判里一个特殊的部分,因为按照着诸概念(从这些概念永不能引申出一个对于愉快及不快情绪的直接结论来)的逻辑评判固然能够系属于哲学的理论的部门,带着对于它的批判性的限制。

对于鉴赏能力作为审美判断力,在这里不是以培养和精炼审美趣味为目的,——因为它没有这些探究工作也能照样进行,像迄今所做的——而我只是在先验哲学的企图里。所以我希望,我的研究纵然缺乏该项目标,应仍可获得人们宽容的评判。

在先验哲学的意图里,它必须准备受到极严格的检验。但是就在那里,由于自然界问题异常复杂,解决它时不可避免地将遇到一些暧昧之处。这种巨大的艰难可以使人原谅我仅仅正确地指出了原理,而未能明确地把它表述出来。固然,把判断力的现象从那里面导引出来,人们不能要求全面的明确像人们要求于概念认识那样,关于这一点,我相信,在本书的第二部分里我已经做到了。

我以此结束我的全部的批判工作。我将不耽搁地走向理论的阐述以便我能在渐入衰年的时候尽可能地尚能获得有利的时间。

自然,在理论的阐述里,对于判断力是没留有特殊的部门的。因为它(判断力)是服务于批判的工作代替着理论的建立。而按照着哲学分别为理论的和实践的,纯粹哲学分别为自然的和道德的形而上学,它们将是构成理论建设的全部工作的。

导　论

一　哲学的分类

如果人们把哲学，就其在通过概念包含着事物的理性认识的诸原理的限度内（不仅仅像逻辑那样包含着思想一般的形式的诸原理而没有对象的区别），像通常那样，区分为理论的和实践的：那么人们是做得完全正确的。但是，这样一来，对于理性认识诸原理指定的属于它们的对象的诸概念就必须是显然互异的，否则，它们将没有资格来从事分类。这分类经常是以理性认识中属于一门科学不同部分的诸原理的相互对立为前提的。

但是这里只有两种概念容许有一批关于对象可能性的各异的原理，这就是：自然概念和自由概念。但前者是使理论认识按照先验原理成为可能，后者与此相反，已经在它的概念里自身带着消极的原理（只是反命题的），而在另一方面，对于意志的规定性，它建立着扩大意志活动的基本法则，这法则正是因为这个原故才唤作实践的。哲学于是有理由分别为原理完全不同的两个部分，即理论的，叫作自然哲学，和实践的，叫作道德哲学（因为理性按照自由概念对实践的立法是这样命名的）。但是迄今为止，应用这些术语来对待不同原理的分类并和它们一起来对待哲学的分类时，盛行着一种大大的误用，即人们把按照着自然概念的实践和按照着道德概念的实践混淆不分，并且就在同一理论哲学和实践哲学的名称之下作了一种分类，通过这种分类，事实上并没有作出什么分类(因为彼此之间有相同的原理)。

意志，作为欲求的机能，正是世界上许多自然动因之一，它是按照概念而作用着的。一切被认为通过意志才可能的(或必然的)事物叫作实践地可能的(或必然的)以便和物理学的可能性或必然性区别开来，在后者中，原因不是通过概念(而是像在无生命的物质那里通过机械和在动物那里通过本能)的规定来完成因果作用的。——现在，在实践关系上未加确定的问题是很清楚的：那给予意志的因果作用以规则的概念究竟是一个自然的概念还是一个自由的概念呢？

后一种区分是主要的。因为如果规定因果关系的概念是一个自然的概念，那么这些原理就是技术地实践的；如果它是一个自由的概念，那么这些原理就是道德地实践的。又因为理性科学的分类完全是基于对象之间的歧异性，对于这种歧异性的认识是需要不同的原理的，所以前者属于理论哲学(作为自然的理论)，后者就完全单独成为第二部分，即(作为道德理论的)实践哲学。

一切技术地实践的规则(就是那些艺术的和一般技巧的规则，甚至是作深谋远虑的思考的规则，例如，作为一种对于人及其意志发生影响的技巧等)，在它们的原理是基于概念的范围内，必须只算作理论哲学的引申。因为它们只涉及按照自然概念的事物的可能性，不仅包括自然界里为此目的所能得到的一切手段，就是意志本身

(作为欲求,因而作为自然的机能)在它通过自然的动机遵守那些规则而被规定的范围也包括在内。但这类实践的规则不唤作规律(像物理学的规律那样),而只是诸指示:因为意志不单是立于自然概念之下,也立于自由概念之下,在对后者的关系里,它的原理唤作规律,并且和它们的推论单独地构成哲学的第二部分,即实践的部分。

就像纯粹几何学的问题解答不能算是隶属于它的特殊部分,或者测量技术没有资格获得实践几何学的称号以别于纯粹几何学并作为一般几何学的第二部分一样:实验里或观察里的机械的或化学的技术也不能算是自然理论的实践部分,最后,家庭的、地方的和国家的经济,社交艺术、饮食规范,或是一般的幸福学,甚至那对癖好的克服和对嗜欲的控制等等都不能算到实践哲学里去或把它们构成哲学一般的第二部分;因为在上述的它们全体之中,只包含着技能的法则(因而它们只是技术地实践的),因为技能是按照因果的自然概念产生出可能的效果的。由于这些自然概念隶属于理论哲学,它们仅作为理论哲学(即自然科学)的引申而服从于那些指示的,因此不能要求在任何特殊的、唤作实践的哲学里得到任一位置。与此相反,道德地实践的诸指示完全建立在自由概念上面,完全让意志不受自然动因的规定,从而是一类完全不同的指示:它们也像自然所遵守的诸规则一样,可以径直地叫作法则,但不是像后者那样基于感性条件,而是基于超感性的原理,在哲学的理论部分之旁,在实践哲学名号之下,为自己单独要求着另一部分。

人们从这里可以看出,哲学所给的实践指示的总和,不是因为它们是实践的,就可以在哲学的理论部分之旁构成一个特殊部

分——因为它们可以是实践的,即使它们的诸原理完全是从自然的理论认识中取来的(作为技术地实践的法则);而是因为它们的原理绝不是从自然概念——这是经常感性地制约着的——借取来的,因而是基于超感性的,它只是自由概念借助形式规律使人得到认识。所以它们是道德地实践的,这就是说,它们不仅仅是这个或那个企图中的指示和规则,而是不以目的和企图为前件的规律。

二　哲学一般的领域

先验概念的运用范围,也就是我们的认识能力按照诸原理和哲学的使用范围。

但那些概念所联系到的并尽可能地成立对之认识的一切对象的总和,是能够按照我们的能力对此企图的能否完成而区分着。

一些概念,当它们联系到对象上时,不管对于这些对象的认识是否可能,这些概念具有它们的领域,这领域完全是按照着它们的对象对我们的全部认识能力所具有的关系而规定着的。这领域中的对我们而言认识是可能的那个部分,就是这些概念和为此所必需的认识能力的地盘(territorium)。这个地盘的一个部分,即这些概念立法于其上的部分,就是这些概念和隶属于它们的诸认识能力的领域(ditio)。经验的诸概念固然在自然界里——作为感官对象的总和——有它们的地盘,但没有领域(只有它们的居住地,domicilium):因为它们虽是依照规律构成的,但自身不是立法的,在它们上面所建立的诸法则只是经验的,因而是偶然的。

我们全部的认识能力有两个领域,即自然概念的和自由概念的两个领域，因为它是通过这两者提供先验法则的。哲学现在也顺应着这个分类而区分为理论的和实践的两个部分。但是它的领域所依以树立的和它的立法权力所执行的基地却永远限于一切可能经验的对象的总和，即不超过现象的范围，因为若不是这样，悟性在这方面的立法就是不能思维的。

凭借自然的概念来立法的是由悟性来做并且它是理论的。凭借自由的概念来立法的是由理性执行着并且它只能是实践的。理性只能在实践范围内立法；对于（自然的）理论认识，它只能（作为由悟性的媒介而知晓规律）从给定的规律里引申出逻辑结论来，而这仍然永远只是停留在自然界里。但与此相反，在法则是属于实践性质的地方，理性并不因此就立刻是立法的，因为这些法则也可以是技术地实践的。

所以悟性和理性在一个而且是同一个的经验基地之上具有两种不同的立法，而不会相互侵犯。因为自然概念不影响通过自由概念的立法正如后者不干扰自然界的立法一样。——两种立法及其专用的诸能力在同一个主体内并存着，被认为没有矛盾，这种可能性至少在《纯粹理性批判》中已经作了证明，因为它通过揭示矛盾的辩证的假象而摧毁了反对面的意见。

然而，这两个不同的领域，固然不在它们的立法中，但却在它们关于感觉界的诸效用中不断地相互掣肘，不构成一个领域，原因是：自然概念固然在直观里表述它的对象，但不是作为物自体，而是作为单纯的现象；与此相反，自由概念固然在它的对象里表述一个物自体，却不能使它在直观里表现出来，所以两者中任何一个都不能从它的客体里（甚至于从思维着的主体里）获得一个作为物自身的理论认识，或者，如物自身那样，成为超感性的理论认识，人们固然必须安置这观念作为一切经验对象的可能性的基础，却不能把这观念自身提高和扩大成为知识。

因此对于我们全部认识能力而言，存在着一个没有界限的但也无法接近的地区，即超感觉的地区，我们在那里面找不到一块地盘，即既不能为悟性诸概念也不能为理性诸概念在它上面据有理论认识的领域。这一个地区，我们固然必须为了理性的理论运用一如为了理性的实践运用拿诸观念来占领它，但是，对于这些观念在联系到自由概念诸规律时，我们除了实践的实在性以外不能提供别的。因此，我们的理论认识绝不能通过这个扩张到超感觉界去。

现在，在自然概念的领域，作为感觉界，和自由概念的领域，作为超感觉界之间虽然固定存在着一个不可逾越的鸿沟，以致从前者到后者（即以理性的理论运用为媒介）不可能有过渡，好像是那样分开的两个世界，前者对后者绝不能施加影响；但后者却应该对前者具有影响，这就是说，自由概念应该把它的规律所赋予的目的在感性世界里实现出来；因此，自然界必须能够这样地被思考着：它的形式的合规律性至少对于那些按照自由规律在自然中实现目的的可能性是互相协应的。——因此，我们就必须有一个作为自然界基础的超感觉界和在实践方面包含于自由概念中的那些东西的统一体的根基。虽然我们对于根基的概念既非理论地、也非实践地得到认识的，它自己没有独特的领域，但它仍使按照这一方面原理的思想形式和按照那一方面原理的思想形式的过渡成为可能。

三　判断力批判作为使哲学的两部分成为整体的结合手段

就诸认识能力能够先验地工作着这一方面而言，它们的批判在客体方面实际上没有领域；因为它自己不是一个教理，而只是具有从事检查我们诸能力的性质，看它是否以及如何使一个教理通过它而后可能。它的地区延伸到一切它们要求达到的地方，以便把这些要求安置在它的正当的权能范围以内。但是，凡是不能进入哲学分类中的，仍可以作为一个主要部分进入纯粹认识能力的一般批判中，如果它包含着自身既不能用于理论，也不能用于实践的诸原理的话。

自然诸概念包含着一切先验的理论认识的根基，同时建基于悟性的立法。——自由概念包含着一切感性地无制约的先验的实践的诸准则的根基，同时建基于理性的立法。因此，两种能力除按照逻辑形式应用于不管来源为何的诸原理外，还按照内容而应用到它自身的每一立法上，而且在这些立法之上不再有其他（先验的）立法，因此，这就证明了把哲学分为理论和实践两部分的分类法是正当的。

但是，在高级认识诸能力的家庭内，在悟性和理性之间，仍有一个中间分子，这就是**判断力**。人们有理由按照类比来猜测它，纵然它不具有自己的立法，仍然具有一个自己独特的原理，据此可以找到诸规律，虽然它只是主观的，先验的原理。这原理，即便在对象方面没有一个地区作为它的领域，仍然能有着具有某种特性的某一地盘，而对于这个地盘，恰巧只是那个原则有效。

对于上述的考察，还有进一步的（按照类比来判断的）根据，把判断力和我们的表象诸能力的另一种秩序联结起来，这似乎比它和认识诸能力这个家庭所具有的亲属关系更为重要。因为心灵的一切机能或能力可以归结为下列三种，它们不能从一个共同的基础再作进一步的引申了，这三种就是：认识机能，愉快及不愉快的情感和欲求的机能①。对于认识机能，只是悟性立法着，如果它(像应该做的

① 对于人们作为诸经验原理来运用的概念，我们有理由猜想它们和先验的纯粹认识的机能极为密切的关系，试图考察这个关系时，值得我们给出一个超验的定义，就是说，一个通过诸纯粹范畴乃至于范畴自身而适当地指出当前概念和其他概念的区别的定义。在这里，我们以数学家为典范，他让所考虑的问题中的经验数据暂时处于未决状态，只把它们的关系按照纯粹算学的概念进行纯粹的综合，由是推广了他的答案。我曾经努力采取一个类似的手续(实践理性批判。V. 序言第十六页[第五册第一一一页])而人们曾经指摘我关于欲求机能的定义，即作为一个机能，它是借助它的诸表象而成为这些表象的对象的现实性的原因，因为单纯的愿望也是欲求，而每个人对此却克制着自己，知道单单由于愿望不能产生出他的对象来。但是这却不外乎证明着：在人的内部有欲求，由于这个，他自己和自己矛盾，当他想单独通过表象产生出他的对象时，他不可能希望有结果的，因为他自己知道，他的机械的力量(如果我能这样称呼这非心理的力量的话)必须受表象的规定，这或者不等于由它直接产生出对象(因而是间接地)，或者简直是不可能产生的，就如把已做了的事使它没有做过(O mili praeteritos，etc)一样。或者在不耐烦的心情中希望能够取消达到目的所必须等待的时间。——对于在幻想式的欲求里，这类不能达到或根本不能实现的表象或者甚至是这些表象的琐碎部分，不管我们是否那样地意识到它们是它们对象的原因，仍然在每个欲望里面联系着作为原因的同样的关系，因而就是它的因果性的表象，并且是完全可以识别的，如果这欲望是热情，例如渴望。因为由于下列情况可以得到证明，即这种热情使心脏膨胀及萎颓从而使它的各种力量衰竭下来，心脏的各种力量由于诸表象的存在而一再保持紧张状态，但当心灵回想到不可能性时又不断地恢复原状并衰颓下去。甚至于希望避免巨大的、眼见不可避免的灾祸的祈祷以及用一些迷信的方法企图达到实际上不可能达到的目的等，也证明了诸表象和它们对象的因果关联。这种因果关联甚至在意识到它们的企图的不可能性时也制止不住它的倾向。——为什么在我们的天性里安置着这种自知为空洞欲望的倾向呢？这是人类学的一个目的论的问题。这好像是：在我们确知我们具有实现一个目的的能力以前，如果我们不去使用这些力量，它们将大部分变成无用的。因为一般地讲来，只在我们试用我们的力量时，才认识到我们的力量。所以这类空洞欲望的幻觉只是我们天赋里一种有利倾向的后果。(按：这段注释是康德在第二版里才加入的)

那样,不和欲求机能混杂着,只从它自己角度来观察)作为一个理论认识的机能联系到自然界,对于自然界(作为现象)我们只能通过先验的自然概念,实际上即是纯粹的悟性概念而赋予诸规律。——对于欲求机能,作为一个按照自由概念而活动的高级机能,仅仅是理性在先验地立法着(只在理性里面这概念存在着)。——愉快的情绪介于认识和欲求机能之间,像判断力介于悟性和理性之间一样。所以目前至少可以推测:判断力同样地在自身包含着一个先验的原理,并且又因愉快和不快的感情必然地和欲求机能结合着(它或是和低级欲求一起先行于上述的原理,或是和高级欲求一起只是从道德规律引申出它的规定),它将做成一个从纯粹认识机能的过渡,这就是说,从自然诸概念的领域达到自由概念的领域的过渡,正如在它的逻辑运用中它使从悟性到理性的过渡成为可能。

所以尽管哲学只能分别为两个主要部分,即理论的和实践的两个主要部分;尽管我们对判断力自身的一切原理所能谈论的,在哲学里都必须算作理论部分,这就是说,对于按照自然诸概念的理性认识,纯粹理性批判——它是我们在从事上述体系之前为了提供它的可能性而必须解决一切问题的批判——却是从三部分构成的,即:纯粹悟性的批判、纯粹判断力的批判和纯粹理性的批判,这些机能之所以被称为纯粹,因为它们是先验地立法着的。

四　判断力作为一个先验地立法着的机能

判断力一般是把特殊包含在普遍之下来思维的机能。如果那普遍的(法则、原理、规律)给定了,那么把特殊的归纳在它的下面的判断力就是规定着的(即使它作为超验的判断力而规定着那些先验条件使得只有一致于这些条件时才能归纳到普遍下面)。但是,假使给定的只是特殊的并要为了它而去寻找那普遍的,那么这判断力就是反省着的了。

规定着的判断力在悟性所提供的普遍的超验的规律之下只是归纳着;那规律对于它已经先验地预示了,它无需为自己去思维一个规律从而把自然界的特殊归纳到普遍之下。——但是自然界有那么多的形式,亦即有那么多的关于普遍的超验的自然概念的变形,它们是不被上述的纯粹先验悟性给定的规律所规定的,因为这些规律只涉及一个自然物(作为感官的一个对象)的一般可能性,因此,对于前者也必须有规律。这些规律,作为经验的规律,按照我们悟性的见地是偶然性的,但是它们既然应该称作规律(如同自然概念所要求的一样)那就仍然必须把它看作一个多样统一的必然的原理,尽管它是我们所不知的。——反省着的判断力的任务是从自然中的特殊上升到普遍,所以需要一个原理,这原理不能从经验中借来,因为它正应当建立一个一切经验原理在高一级的虽然它是经验的诸原理之下的统一,并且由此建立系统中上下级之间的隶属关系的可能性。所以,这样一个超验原理,只能是反省着的判断力自己给自己作为规律的东西,它不能从别处取来(因为否则它将是规定着的判断力了)。它也不能对自然提供规律:因为对于自然规律的反省是以自然为依归的,而自然不是以那些我们据之以求自然概念——一个从自然角度看来完全是偶然性的概念——的条件为依归的。

现在,这个原理只能是:因为普遍的诸自然规律在我们悟性中有它们的基础，悟性把这些规律提供给自然（虽然只是按照它的作为自然的普遍概念），而那些特殊的经验规律就其未被那些普遍规律所规定的部分看来，必须看作是这样一个统一体，好似有一个悟性（纵然不是我们的这个悟性），为了使我们的认识机能构成一个——按照特殊的自然规律——可能的经验体系而把这统一体赋予了我们。这并不意味着必须真正假定有这样一个悟性（因为这只是反省着的判断力，它使观念作为原理是为了从事反省而不是为了从事规定）；但是，这个机能通过这一举动只是给自己而不是给自然一个规律。

一个关于对象的概念在它同时包含着这个对象的现实性的基础时唤作目的，而一个物体和诸物的只是按照目的而可能的品质相一致时，唤作该物的形式的合目的性：所以判断力的原理，在涉及一般经验规律下的自然界诸物的形式时，唤作在自然界的多样性中的自然界的合目的性。这就是说，自然通过这个概念如此这般地表述出来，好像悟性包含着自然诸经验规律的多样统一的基础。

所以，自然的合目的性是一个特殊的先验概念，它只在反省着的判断力里有它的根源。因为人们不能把任何东西附加在自然的成品上当作自然在它们中的目的，人们只能运用这个概念在涉及自然诸现象的联系时按照经验诸规律来对它反省。进一步说，这个概念和实践的合目的性（在人类的艺术甚至道德中）完全不同，虽然它无疑地是依据类比被思维着的。

五　自然的形式的合目的性原理是判断力的一个超验原理

超验原理就是通过普遍条件而先验地表述出来的原理，只在这样条件下，事物才能一般地成为我们的认识对象。与此相反，一个原理唤作形而上学的原理，如果它先验地表述条件，只在这样条件之下，经验地被给定其概念的对象可以进一步成为先验地规定的。所以，诸物体作为诸实体和作为可变的诸实体时，其认识原理是超验的，如果这个论断是说，它们的变易必须有一个原因；但它是形而上学的，如果它断言它们的变易必须有一个外在的原因：因为在第一个场合里，这物体只需要通过本体论的宾词(纯悟性概念)，例如，作为实体被思维着，从而先验地认识这个命题；在第二个场合里，一个物体(作为空间的一个能动的物体)的经验概念必须用作命题的基础，但是，一旦这样做了之后，物体获得了宾词(只是由于外在原因而运动的)，那么，命题完全可以先验地被认识了。——所以，像我立刻要指出的，自然的合目的性的原理(在它的经验诸规律的多样性中)是一个超验的原理。因为这些对象的概念，处在这个原理之下，只是可能的一般经验认识的对象的纯粹概念，不含任何经验的东西在内。与此相反，那包含在自由意志的规定性的观念中的实践的合目的性原理却是形而上学的原理：因为一个欲求机能的概念，作为意志的概念，仍然必须经验地给定的(不隶属于超验的诸宾词之内)。但是这两个原理仍然不是经验的，而是先验的原理；因为把宾词和判断主体的经验概念综合时，

不再需更多的经验,这综合是完全先验地取得的。

隶属于超验原理的自然的合目的性概念可以从人们在自然的研究中先验地信赖的判断力的诸原则里充分地看出来,这些原则只涉及经验的可能性,因而只涉及对自然认识的可能性,但不仅是一般而言的对自然的认识,而是通过诸特殊规律的多样性所规定的认识。——它们是形而上学智慧的箴言,是在某些其必然性不能用概念来证明的法则中出现的,这些原则常常在这科学的历程中充分地出现,但却是散在的。"自然采取最短的路程(lex parsimoniae),它既不在它的变易的序列里,也不在显然不同的形式的结合里飞跃(lex continui in natura,自然中的连续性);总之,在诸经验规律里,它的在少数原理下的多样变化有其统一性(principia praeter necessitatem non multiplicanda)"等等。

假使人们想指出这些基本原则的根源并试图从心理学途径进行研究,那就同它们的意义完全相反了。因为它们没有说出什么事情发生了,也就是说,没有说出我们的认识诸力实际上按照什么规律活动和怎样作出判断,而是告诉我们应该怎样判断。在这里,逻辑的客观必然性是找不到的,如果诸原理仅是经验的话。所以自然的合目的性对于我们的认识诸机能及其运用是诸判断的一个超验原理,而自然的合目的性从诸机能的运用中得以明了地显现出来;因而还需要一个超验的演绎,通过演绎,判断的依据必须从先验的诸认识源泉里寻找出来。

我们在经验可能性的根据里首先看见到的当然是某些必然性的东西,这就是普遍的规律,没有它们,自然一般(作为感官的对象)是不能被思维的;而这些规律是以诸范畴为基础,并作用于对我们可能的一切直观的诸形式条件中，因而它们也是先验地被给予的。判断力在这些规律下规定着；因为它能做的就是归属到这些规律下面，例如，悟性说：一切变动有它的原因（普遍的自然律）；所以超验的判断力能做的就是指出那包括在当前所提供的在悟性概念下面的先验条件：这就是同一物诸规定的前后相继。对于自然一般（作为可能经验的对象），那个规律是被理解为绝对必然的。——但是，除了形式的时间条件外，经验认识的对象还在一些样式里被规定着，或者，可以像人们所能先验地判断的那样多地被规定着，所以，特殊地区别开来的诸自然物，除去它们共同具有的属于自然一般的东西以外，还能够在无限多的样式里成为原因；并且，每一种这类样式必须（按照一个一般原因的概念）具有它的规则，这规则是规律，因此，它自身带着必然性；尽管按照我们认识机能的性质和局限性，我们完全不能洞察这个必然性。所以，我们必须在自然界里从它的单纯经验规律方面考虑到一个无限多样的经验规律的可能性，而这些规律对于我们的洞察却是偶然的（即不能先验地认识）；而在这些观点中，我们按照诸经验规律和经验统一性的可能性（作为按照诸经验规律的一个体系）而判定这个自然统一性是偶然的。但是，因为这样一个统一性必然地要作为前提肯定着和假定着，否则就不能在经验全体中出现一个诸经验认识的彻底的结合，自然的诸普遍规律固然在诸物里按照它们的种类赋予我们一个这样的结合，作为诸自然物一般，却不是各别地作为这样特殊的自然物：所以判断力必须为了它自身的用途接受它作为先验的原理，从而在自然诸特殊的（经验的）规律中，对于人的洞察力是偶然的东西仍然在它的多样性综合为一个自身可能的经验中包含着一个对于我们固然不能根究但却可思维的规律的统一性，结果，在我们按照一个必然的目的（悟性的一个需要）但同时其自身仍作为偶然的而被认识的一个综合里的规律的统一性是被表述为诸对象（此处是自然的诸对象）的合目的性：于是，着眼在可能的（尚待去发现的）诸经验规律之下的诸物时，这判断力仅是反省着的，从这个角度来考察时，对于我们的认识机能而言，自然必须被看作是按照一个**目的性的原理**的，这个原理就在上述的判断力的诸原则里被表达出来。这个自然的合目的性的超验概念既不是一个自然的概念，也不是一个自由的概念，因为它没有赋予对象（自然）以任何东西，而仅是以唯一的样式来表述我们在关于自然对象的反省里取得一个相互联系的经验整体时必须怎样地进行，结果是判断力的一个主观的原理（原则），所以我们也就会高兴（实际只是摆脱了一个需要），好像那是一个有助于我们企图的好机会，我们在那些单是经验的规律里碰到这样一个系统化的统一性：纵然我们一定必然地承认在这样一个统一性面前我们是没有能力把握和证明它的存在的。

为了便于我们领悟当前这个概念的演绎的正确性和假定它作为超验认识原理的必要性，人们只要考虑这个任务的重大就行了：把一个包含着诸经验规律的无限多样性的自然所给定的诸知觉构成一个联系着的经验，这个任务是先验地存在于我们的悟性里的。悟性固然先验地据有自然的诸普遍规律，没有它，自然就不能成为经验的对象：除此以外，它需要自然在其诸特殊法则里的某一秩序，这些特殊法则只能经验地认知，并且从它的角度看来它们是偶然的。没有这些法则，则从一个可能的经验一般的普遍类比达到一个特殊类比的进展是不能实现的，悟性必须把它们作为规律，即作为必然的来思维:因为否则它们将不构成一个自然秩序,虽然它不能认识或洞察它们的必然性。虽然它对这些(诸对象)不能先验地规定什么,它却必须为了探究这些经验的所谓的规律而安放一个先验原理作为对它们的一切反思的基础,从而按照着它们,一个可认识的自然秩序才是可能的。这一个原理表示为下面的诸命题:即在它(自然)里面,有一个我们能把握的类和种的层次,诸类又按照一个共同的原理相互接近,于是从一类到另一类的过渡和由此达到上一级的类成为可能;对于自然诸行动的种类不一,假定有同样数目的各异的因果律,对于我们的悟性似乎从开始就是不可避免的事,但它们仍可归属于我们所要寻找的少数的原理之下,等等。判断力为了按照诸经验规律对自然界反思而先验地假定自然界适合于我们的认识机能,悟性同时客观地承认它是偶然的而仅仅是判断力把它作为先验的合目的性(对于主体的认识机能)附加于自然:因为如果我们不以此为前提,就不能有按照着诸经验规律的自然秩序,因而,就不能有一个指导线索使一个经验在一切多样性中和诸经验规律联系起来或对它们进行考查。

因为我们可以设想:完全撇开按照普遍规律的自然诸物的一律性——没有这个,一般的经验知识的形式将是完全不能实现的——自然的诸经验规律和它们的结果之间的种别差异仍会那样大,以致我们的悟性不可能在自然里面发见一个可把握的秩序,把它的诸成品区分为类和种,以便运用对于一方的说明和理解的诸原理来对另一方作说明和理解,并从一个对于我们那样混乱(其实只是无穷的多样形式不适合于我们的把握能力)的材料里构成一个相互联系着的经验。

因此，为了自然的可能性，判断力也有一个先验原理，但仅在主观方面，借助它提供规律以指导对自然的反思，这规律不是给予自然的（作为自律的 als Autonomie），而是给予它自己的（作为再归自律的 als Heautonomie），人们可以相对于自然的诸经验规律而称这个规律为自然的特殊化规律，这规律不能在自然中先验地识知，而是为了我们悟性能认识的自然秩序，在判断力构成自然诸普遍规律的分类中，当它要把特殊规律的多样性归属于诸普遍规律时，而采用了它。所以，如果人们说：自然为了我们的认识机能、亦即为了人类的悟性和它的必然的作用——为知觉所提供的特殊而寻找普遍的，又对各异的（当然对于各个种又是普遍的）寻找在原理的统一中的联系——相适应，把它的普遍规律按照着合目的性的原理来特殊化，这样，人们既不由此给自然提供一个规律，也不是通过观察从自然学习到一个规律（虽然那原则能通过它得到证实）。因为这不是规定着的而仅是反省着的判断力的一个原理；人们想望的只是：不管自然是怎样按照着它的诸普遍规律来组成的，人必须按照那原理来全面研究诸经验规律和建筑在它之上的诸原则，因为我们只在那原理所达到的范围内使用我们的悟性才能在经验里前进和获得知识。

六　愉快的情绪和自然的合目的性的概念的联结

我们所思维的自然在其诸特殊规律的多样性中和我们按照自己洞察力所及为它寻找诸原理的普遍性的要求相和谐必须判

定为偶然性的，但它更为悟性的需要所不可缺少的，因而也为自然是按照我们目的这一合目的性所不可缺少的，虽然这仅是指着认识而言的。——悟性的诸普遍规律同时是自然的诸规律，虽然源出于自发性，它们对于自然是那么必要就像诸运动规律应用于物质那样；并且它们产生不以任何关于我们认识机能为前提，因为我们只是借助它们才获得关于诸物的（自然的）知识的任何概念，并且它们必然地应用于作为我们认识一般的对象——自然。但是，在自然的诸特殊规律连同超越我们一切把握能力的，至少是它们的可能的多样性和不同性中，自然的秩序，如我们所看到的，事实上和这些把握能力相称，这却是偶然的；寻找出这个秩序是悟性的工作，这工作的进行带着一个它自己必然的目的，即是把原理的统一性移入自然里去：因此，判断力必须把这目的安置于自然里，因为悟性在这里不能对自然提供规律。

一切意图的达成都和快乐的情绪结合着；这意图的达成有一先验表象为其条件，像在这里对于所有反思着的判断力有一个原理一样，快乐的情绪也是被一个先验的和对每个人都有效的根据所规定：并且也仅仅是由客体联系到认识机能，合目的性的概念在这里毫没有涉及欲求的机能，它和自然界的一切实践的合目的性完全区别开来。

事实上，一方面，诸知觉和按照自然的诸普遍概念（诸范畴）的规律相合时，我们在我们内心没有也不能找到对愉快情绪的些微影响，因为悟性在此情形中必然顺着本性的方向进行而无隐蔽的目的；另一方面，当发见两个或数个不同的自然的经验规律结合在一个包括着它们两方的原理之下时是一个很大快感的基础,常常甚至是一个惊叹的基础,而这惊叹在人们和这对象充分熟识时也常不停息。诚然,在自然的可把握性中和它的区分为类及种的统一性中——没有这,按照自然的特殊规律给我们以知识的诸经验概念便不可能,所以,我们不再觉察任何确定的快感:但这快感在相应过程中出现过,这也是真实的,并且只是因为没有它,最普通的经验也是不可能的,所以它逐渐地和单纯经验混合在一起,而不再特别引起注意了。——所以,我们的悟性在判定自然时,使人注意到它的合目的性,有些东西是需要的,这就是尽可能地把自然的不同等的规律纳进较高级的尽管永远仍是经验的规律中,以便当成功时,我们对于它们和我们的认识机能相一致感到愉快,这种相一致我们看作纯粹偶然的。与此相反,自然的一个表象使我们极不满意时,人们将通过这表象预先指出,在我们的研究稍稍超过最普通的经验后,我们将碰到自然诸规律的一种异质性(Heterogereitët),而这异质性使自然诸特殊规律统一在普遍的诸经验规律之下对于我们的悟性成为不可能:因为这是违反自然在它的诸类里的主观合目的性的特殊化原理和我们在这个企图里的反省着的判断力的。

但是,对我们的认识机能而言,自然的那种理想的合目的性应该扩张到怎样范围呢?判断力在这上面的预想是这样的不确定,以致如果人们对我们这样说:一个由观察得来的更深入或更广泛的自然的认识必定最后要碰到规律的多样性,这种多样性人类的悟性不能够把它还原为一个原理。我对此也能感到满足,虽然我们也乐于听到别人对我们提供这种希望:我们对自然

的秘密认识得愈多，或者我们能够把它和外在的、我们目前尚未认识的诸部分比较得愈好，我们的经验愈加丰富，我们将会发现它在它的诸原理里愈显得单纯，并且在它的诸经验规律的显明的差异性里愈加协调。因为那是我们的判断力命令我们按照着自然对我们认识机能相适应的原理来进行的，不管它有没有界限或何处是它的限度（因为这里不是**规定着的**判断力给我们提供法则的）：因为当涉及我们认识机能的合理使用时，界限是能够明确地规定的，而在经验领域中，这种界限的规定是不可能的。

七　自然的合目的性的美学表象

一个客体的表象的美学性质是纯粹主观方面的东西，这就是说，构成这种性质的是和主体而不是客体有关；另一方面，在它身上能够供作或用于对象的规定的（为了认识）则是它的逻辑的有效性。在一个感官对象的认识里，这双层关系同时出现。在外物的感性表象里，我们在其中直观着事物的空间的性质只是我们的关于事物表象的主观方面的东西（通过这个，作为客体自身的究竟是什么，仍然是没有决定的），由于这种关系，对象被直观于空间中也只是作为现象被思维着的。但尽管空间是主观性质的，它仍是作为现象的事物的知识的一个组成部分。**感觉**（这里是指外在的）也一样只表示了我们关于外物表象的主观方面，但实际上是表象的素材（实在）（通过它，才给出某一存在），就像空间仅仅是直观外物的可能性的先验形式一样，感觉也是被用在对外物的认识上。

但是一个表象的主观方面**完全不能成为认识要素的**就是和它结合在一起的**愉快或不快**,因为通过它,我在表象的对象上完全不能有所认识,虽然它很可以是这个或那个认识的作用的结果。一物的合目的性,乃至于它在我们知觉里被表象着,也不是客体自身的性质(因为这样一种性质不能被知觉),虽然它可以从物的认识里推断出来。所以,合目的性是先行于对客体的认识的,甚至于为了认识的目的而不用它的表象时,它仍然直接和它结合着,它是表象的主观方面的东西,完全不能成为知识的组成部分。所以对象之被称为合目的性,只是由于它的表象直接和愉快及不快结合着:而这个表象自身是一个合目的性的美学表象。——问题只是:是否有这样一个合目的性的表象呢?

如果愉快和直观对象的纯粹形式的把握(apprehensio)结合着,而不联系到一个为了一定认识的目的的概念:那么,表象就不联系到客体,而只联系到主体。在这种情况下,愉快就只是客体对于诸认识机能的一致。这些认识机能就在反省着的判断力中产生活动乃至于在这里面继续活动着,所以它们只是客体的主观形式的合目的性。因为在想象力中诸形式的把握若没有反省着的判断力,将永远不能实现,即便它无意这样做,它至少也把诸形式和它的联结直观和概念的机能作了比较。如果现在在这比较里,想象力(作为先验诸直观的机能)通过一个给定的表象,无意识地和悟性(作为概念机能)协合一致,并且由此唤醒愉快的情绪,那么,这对象就将被视为对于反省着的判断力是合乎目的的。一个这样的判断是一个关于客体的合目的性的**审美判断**,这判断不基于对象的现存的任何概念,并且它也不供应任何一个概念。当对象的形式(不是作为它的表象的素材,而是作为感觉),在单纯对它反省的行为里,被判定作为在这个客体的表象中一个愉快的根据(不企图从这对象获致概念)时:这愉快也将被判定为和它的表象必然地结合在一起,不单是对于把握这形式的主体有效,也对于各个评判者一般有效。这对象因而唤作美;而那通过这样一个愉快来进行判断的机能(从而也是普通有效的)唤作鉴赏。因为既然愉快的根据仅仅被安置在一般反省中的对象的形式里面,从而不在对象的任何感觉里面,并且也不对任何有意图的概念有任何联系:那么在主体的判断力一般(即想象力和悟性的统一)的经验运用中的规律就只跟在诸先验条件普遍有效的反省中的客体的表象相合致。既然对象和主体诸机能的相合致是偶然的,那么,它就生起了主体诸认识机能的关于对象的合目的性一种表象。

这里是一种愉快,像一切的愉快和不快一样,不是经由自由概念的作用而引起的(这就是说经由高级欲求机能借助于纯粹理性而先行规定的)永不能把概念看作和对象的表象必然地联系着,而是必须只通过反省的知觉经常被认识到是和这个表象相联结着,从而像一切经验判断一样,它不能宣示客观的必然性或要求先验的有效性。但是鉴赏判断只是像每个其他经验判断那样,提出对于各个人有效的要求而不顾它的可能的内在偶然性。令人惊异的和产生纷歧的地方就在于它不是一个经验概念,而是一个愉快的情感(因而完全不是概念),但它却通过鉴赏判断使每个人都承认它,好像它是一个和客体的认识相结合的宾词,并且它应该和它的表象联结着。

单个的经验判断，例如某人在一水晶里见到一滴流动的水珠，他有权利要求每个人必须同样见到，因为他是按照规定着的判断力的诸普遍条件，在可能经验的诸规律之下来形成这个判断的。同样，人在对象的形式的单纯反思中，心中不也有任何概念而感觉到愉快时，尽管这判断是经验性的并且是单一的判断，也有权利要求每个人的同意：因为这个愉快的根基是存在于普遍的、固然是主观的、反省的判断的条件里面，亦即是存在于一个对象（不管是自然的或艺术的产物）和每一经验里所必需的诸认识机能（想象力和悟性）相互关系的合目的性的谐和里。所以，这愉快在鉴赏判断里固然依赖于一个经验表象并且不能先验地和任何概念结合（人们不能先验地规定某一对象符合或不符合鉴赏趣味，人们必须去试验）；但这愉快只是这判断的规定着的根基，于是我们意识这愉快只是基于反思及其与客体认识一般相合致的普遍的、固然只是主观的条件，客体的形式对于这个是合目的的。

这正是为什么那些鉴赏判断按照它们的可能性服从于一个批判的原因，因这可能性是以一个先验原理为前提的，尽管这个原理既不是对悟性的认识原理，也不是对意志的实践原理，因而完全不能先验地从事于规定的。

从事物的（自然的及艺术的）诸形式的反味里出现的关于愉快的感受性不仅表示着客体方面联系到主体中按照自然概念而反味着的判断力时的合目的性，而且，反过来，表示着主体方面按照自由概念联系到对象的形式乃至无形式的对象时的合目的性；结果是：审美的判断，作为鉴赏的判断，不仅联系到优美，而且作为从高级精神的情感里发生的,也联系到壮美,所以审美判断力的批判必须与此相应地区分为两个主要部分。

八　自然的合目的性的逻辑表象

合目的性能在一个经验给予的对象中以两种方法表述出来:或是出于纯粹主观方面的,在此情况下,对象的形式是被作为存在于一切概念之前的把握(apprehensio)里的,它和认识诸机能协合一致,从而把直观和诸概念结合起来提升为知识一般并被表述为对象形式的合目的性;或是出于客观方面的,在此情况下,它的形式,按照一个先行于它的并包含着这形式的根据的概念而和物自身的可能性协合一致。我们已经见到:第一种合目的性的表象是建基于单纯对对象形式的反省中而直接感到的愉快上面。而第二种的合目的性的表象却和对于物的愉快情绪毫无关系,因为物体的形式不是和主体在对物的把握中的认识机能相联系,而是在给定概念下和对象的特定认识相联系,和对物判定的悟性相联系。如果物的概念已经给定,那么,判断力的机能,在它运用那概念以从事认识中,就建立在表述(exlibitio)里,这就是说,在概念之旁放置一个与之相符的直观:或是通过我们自己的想象力来进行,像在艺术里那样,我们把一个从对象预想到的概念作为我们的目的来实现;或是通过自然在它自身的技术里(像在有机体里)来进行,如果我们在评判它的成果时把我们的目的概念作为根据。在这一场合,不仅是自然在物的形式里的合目的性,而且它的作为自然目的的成果都被表述出来。——固然我们的关于自然在它的形式里按

照经验规律的主观合目的的概念绝不是从客体获致的概念，而仅是判断力的一个原理以便自己在自然的大规模的多样性里获得概念（以便能在这里面不迷失方向）；那么，我们通过这个就好像在自然里面对于我们认识的机能安置下一个类似目的的东西。并且这样一来，我们就能把**自然的美**作为形式（仅是主观的）的合目的性的概念来**表述**，而**自然的目的**则作为概念的一个实在的（客观的）合目的性来表述。前一种我们通过鉴赏来判定（审美地借助于愉快情绪）后一种通过悟性和理性（逻辑地按照诸概念）来判定。

判断力批判区分为审美的和目的论的判断是建基在这上面的：前者我们了解为通过愉快或不快的情感来判定形式的合目的性（也被称为主观的合目的性）的机能，后者是通过悟性和理性来判定自然的实在的（客观的）合目的性的机能。

在一个判断力的批判里，包含审美判断的部分是本质地隶属于它的，因为只有它包含着判断力完全先验地作为它对自然反省的基础的一个原理，这就是自然按照它的特殊的（经验的）诸规律对于我们认识机能的形式合目的性的原理。没有这个形式的合目的性，悟性在自然里面里不能安顿自己。至于那必须有自然的客观目的的，亦即只作为自然的目的才有可能的事物，是完全不能提供先验根据的，甚至于不能从自然的概念，不论是作为在一般里或作为在特殊里的经验对象，来阐明它的可能性。而只是那自身不包含先验原理的判断力在（某些成果）出现的场合里包含着法则，以便帮助理性来运用目的的概念，当上述的超验原理已经替悟性把目的的概念（至少是关于它的形式）运用到自然上去作了准备以后。

但是由于超验原理，自然的合目的性在它的主观方面联系到我们的认识机能时，是在物的形式上被表述作评定这形式的原理的，而超验原理完全不规定我们在何处和在什么场合，按照一个合目的性的原理而不仅是按照普遍的自然诸规律，来从事关于对象的作为一个成果的评定。它让审美的判断力在鉴赏里决定这成果（在它的形式中）对我的认识诸机能的一致性（这些机能不是通过和概念的一致，而是通过情感，来决定的）。与此相反，那使用于目的论的判断力明确地指出那些条件，在这些条件下对某物（例如，一个有机的躯体）依照自然的一个目的的观念来评定；但它却不能从自然作为经验对象的概念里对下面的权能获致原则：即先验地把目的赋予自然甚至仅仅从实际经验中在这类成果上不确定地假定有这些目的，因此许多特殊的经验必须搜集起来并在它们的原理的统一性里被考察着，以便在某一对象上仅能经验地认识到客观的合目的性。——所以审美判断力是一特殊的把诸事物按照一个规则而不是按照概念来判定的机能。目的论的判断力不是特殊的机能，而仅是一般反省着的判断力，如它常常按照着概念在理论认识中所做的那样，面对着自然的某些特定的对象，按照着诸特殊原理，即仅仅是反省着的而不是规定对象的判断力的诸特殊原理而进行的时候。所以，就它的运用来说，它是属于哲学的理论部分，并且由于那些不是对客体从事规定的如同属于一个教理中那样的特殊原理，它也必须同样地构成批判的一个特殊部分。另一方面，审美判断力对于它的对象的认识既然无所贡献，因此，必须把它隶属于

判断主体和它的认识机能的批判里去，以便这机能可以具有先验原理，不管它们除此以外还有什么用处（理论的或实践的）——这批判是一切哲学入门。

九　悟性的诸立法和理性通过判断力的结合

悟性对于作为诸感官的客体的自然是先验地立法着的，于是我们可以在可能的经验里有理论的认识。理性对于自由和它自身的作为主体里的超感性的因果性是先验地立法着的，于是我们可以有一个无制约的实践的认识。自然概念的领域在前一种立法之下，自由概念的领域在后一种立法之下的一切相互影响，即它们可以各个地（各个按照自己的规律）施加于对方的影响，由于有巨大的鸿沟分开那超感性的东西和诸现象而完全割断了。自由概念对于自然的理论认识不规定任何物；同样自然概念对于自由的实践规律丝毫无所规定：在这范围内，不可能从一个领域到另一领域搭起一座桥梁。——但是，尽管那按照着自由概念（和它所含的实践规则）的因果性的根据不能在自然里指证出来，感性的东西不能规定主体里的超感性的东西：但反过来却是可能的（固然不是对于自然的知识，却是对于由超感性产生的并带有感性的后果），并且已经包含在通过自由的因果性这一个概念里了。因果性的作用可以通过自由并一致于自由的诸形式规律而在世界中产生结果。固然因这个词运用到超感性的方面时，只能意味着下面这**根据**：即规定自然诸物的因果性一致于它们自身的自然规律的一个结果，但同

时也和理性诸规律的形式原理吻合。这根据的可能性固然不能洞察，它仍然可以完全清除提出的有关的矛盾[①]。——按照自由的概念，结果就是最后的目的，这最后目的（或它在感性世界里的表现）是存在的，而它的可能性的诸条件是在自然里（即作为感性世界中一个存在物亦即作为人的主体的自然里）预先肯定它。判断力先验地和不顾实践地预先肯定它。判断力以其自然的合目的性的概念在自然诸概念和自由概念之间提供媒介的概念，它使纯粹理论的过渡到纯粹实践的，从按照前者的规律性过渡到按照后者的最后目的成为可能。因为通过这个，最后目的的可能性才被认识，只有这个最后目的才能在自然里以及在它和自然诸规律的谐合里成为现实。

悟性，通过它对自然供应先验诸规律的可能性，提供了一个证明：自然只是被我们作为现象来认识的，因此，它同时指出自然有一个超感性的基体，但这个基体却是完全非规定的。判断力，按照自然的可能的诸特殊规律，通过它的判定自然的先验原理，提供了对于超感性的基体（在我们之内一如在我们之外）通

① 在自然因果性和自由因果性的全部区别里，人们设定的许多不同矛盾中的一个矛盾就表现在人们对它的提出的责难中：如果我们说自然对于按照自由诸规律（道德规律）的因果性安置下阻碍，或使它们得到促进，那我们就承认了前者对后者的一个影响了。但是，只要人们愿意理解这句话，误解就很容易防止。这阻碍或促进不是介于自然与自由之间，而是介于前者作为现象和后者的诸作用作为在感性世界里的诸现象之间，甚至于（纯粹理性和实践性的）自由的因果性是自然原因附属于自由的（即主体作为人，因此也即是作为现象的）因果性并且它的规定性的根据是可理解的。这种可理解性是在自由之下以不能进一步或作其他说明的态度来思考的（正如那可理解性构成自然的超感性基体的情况一样）。

过知性能力来规定的可能性。但理性通过它的实践规律同样先验地给它以规定。这样一来，判断力就使从自然概念的领域到自由概念的领域的过渡成为可能。就一般的精神机能说来，在它们作为高级的即包含自律的机能来考察时，悟性对于认识机能（自然的理论知识）含有先验构成的原理。愉快和不快的情绪是判断力在独立于那些和欲求机能的规定性有联系的概念和感觉时所提供的，并且因而能够成为直接地实践的。欲求机能的先验构成的原理是理性，不需要来自任何地方的快乐为媒介，理性是实践的，并且作为最高的机能，它对欲求机能规定着最后目的，而这最后目的同时带着对于客体的纯粹知性的喜悦。除此以外，判断力的关于自然的合目的性的概念仍是隶属于自然诸概念，但只是作为认识诸机能的一个调节原理，尽管审美判断对于某些产生其概念的对象（自然的或艺术的）在涉及愉快或不快的情感时是一个构成原理。认识诸机能的协合一致包含着愉快的根据，在这些机能的活动中，它们的自发性构成在考虑中的概念，其结果是构成一个联系自然概念领域和自由概念领域的适当的媒介，而这又同时促进了心意对于道德情绪的感受性。下面的表可以便于通览一切上述的在它们系统的统一性中的诸机能①。

① 人们曾经认为我在纯粹哲学里的分类常常使用三分法，是可以怀疑的。但这事的根据是存在于事实之中。如果一种分类要先验地进行，那么，或者它是按照矛盾律来分析的，这样，这分类就常常是二分法的（quodlibet ens est aut A aut non A）或者它是综合的。假使它在这场合的分类应是从诸先验概念（不是像在教学里那样从对应于概念的先验直观）导出的话，那么就应该按照一般的综合统一的需要，即：(1)条件，(2)被制约的，(3)从被制约的和它的条件的结合里产生的概念。这分类必然是三分法的。

心意机能表：——	先验诸原理：——
认识的机能	规律性
愉快或不快的情感机能	合目的性
欲求的机能	最后目的
认识的机能：——	应用：——
悟性	自然
判断力	艺术
理性	自由

上　卷

审美判断力的批判

第一部分　审美判断力的分析

第一章　美的分析

鉴赏判断[①]的第一个契机[②]，即按照质上来看的

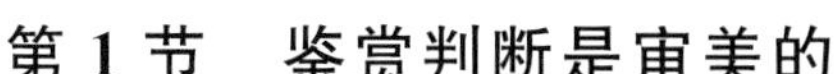

第1节　鉴赏判断是审美的

为了判别某一对象是美或不美，我们不是把[它的]表象凭借悟性连系于客体以求得知识，而是凭借想象力(或者想象力和悟性

① 这里作为根据的关于鉴赏的定义是：鉴赏乃是判断美的一种能力。判定一对象为美时所要求的是些什么呢，这必须从分析鉴赏判断才能发现。至于这种判断力在反省时所要注意的诸契机，我是遵从判断的逻辑功能的指导去寻求的(因为在鉴赏判断里永远含有它对于悟性的关系)。我首先探讨关于质的契机，因为对于美的审美判断，首先应该顾到质这方面。——原注

② Moment 字义是指关键性的，决定性的东西，推动的主体，亦即要点，现依旧译为契机。又 Kritik 现一般译作“批判”，但康德用此字义着重在“考察，分析，清理”。——译注

相结合)连系于主体和它的快感和不快感。鉴赏判断因此不是知识判断,从而不是逻辑的,而是审美的。至于审美的规定根据,我们认为它只能是主观的,不可能是别的。但是一切表象间的关系,甚至于感觉间的关系,却能够是客观的(在这场合,这种关系就意味着一个经验表象的实在体);但快感与不快感就不能是这样了,在这里完全没有表示着客体方面的东西,而只是这主体因表象的刺激而引起自觉罢了。

用自己的认识能力去了解一座合乎法则和合乎目的的建筑物(不管它是在清晰的或模糊的表象形态里),和对这个表象用愉快的感觉去意识它,这两者是完全不同的。在这里,这表象是完全连系于主体,并且是在快感或不快感的名义下连系于主体的生活情绪,这就建立了一种十分特殊的判别力和判断力,但并无助于认识,而只是在主体里使得一定的表象和那全部表象能力彼此对立着,使得心灵在情感里意识到它的状态。在一个判断里面一定的诸表象可能是从经验得来的(因此也是审美的),但是因此而下的那个判断若在判断时只是连系于客体,那么这个判断就是逻辑方面的了。与此相反,如果这些一定的表象尽管是属于纯理性的,而在一个判断里却只是连系于主体(它的情感),那么它们就因此在任何时候都是审美的了。

第 2 节　那规定鉴赏判断的快感是没有任何利害关系的

凡是我们把它和一个对象的存在之表象(译者按:即意识到该对象是实际存在着的事物)结合起来的快感,谓之利害关系。因此，这种利害感是常常同时和欲望能力有关的，或是作为它的规定根据，或是作为和它的规定根据必然地连结着的因素。现在，如果问题是某一对象是否美，我们就不欲知道这对象的存在与否对于我们或任何别人是否重要，或仅仅可能是重要，而是只要知道我们在纯粹的观照(直观或反省)里面怎样地去判断它。如果有人来问我，对于在眼前看到的宫殿我是否发现它美，我固然可以说：我不爱这一类徒然为着人们瞠目惊奇的事物，或是，像那位易洛魁人的沙赫姆[①]那样来答复，他在巴黎就没有感到比小食店使他更满意的东西；此外我还可以照卢梭的样子骂大人物们的虚荣浮华，不惜把人民的血汗浪费在这些无用的东西上面；最后我还可以很容易地理解，假使我在一个无人住的岛上没有重新回到人类社会里的希望，即使只要我一想念就会幻出一座美丽的宫殿，我也不愿为它耗费这种气力，假使我已经有了一个住得很舒适的茅屋。人们能够对我承认和赞许这一切，但现在不是谈这问题。人只想知道：是否单纯事物的表象在我心里就夹杂着快感，尽管我对于这里所表象的事物的存在绝不感兴趣。人们容易看出：若果说一个对象是美的，以此来证明我有鉴赏力，关键是系于我自己心里从这个表象看出什么来，而不是系于这事物的存在。每个人必须承认，一个关于美的判断，只要夹杂着极少的利害感在里面，就会有偏爱而不是纯粹的欣赏判断了。人必须完全不对这事物的存在存有偏爱，而是在这方面纯然淡漠，以便在欣赏中，能够做个评判者。

我们对这个很重要的命题不能有更好的说明，除非我们把那

① 美洲土人酋长。——译注

和利害感联结着的快感来和这鉴赏判断中纯粹的、无利害[1]关系的快感相对立：首先如果我们同时能够确定，除掉现在所应指出的那种利害关系的以外，就没有别种关系了。

第3节　对于快适的愉快是和利益兴趣结合着的

在感觉里面使诸官能满意，这就是快适。关于通常对感觉这一词可能发生的双重意义的混淆，这里就有着一个机会来加以指摘和唤起对它的注意了。一切的愉快（人们说的或想的）本身就是一个（快乐的）感觉。于是凡是令人满意的东西，正是因为令人满意，就是快适的（并且依照着各种程度或和其他快适感觉的关系如：优美、可爱、有趣、愉快，等等），承认了这一点，那么，规定着倾向性的诸感官的印象，规定着意志的理性诸原则，或规定着判断力的单纯的反省的直观诸形式，有关情感上的快乐的效果，——这一切便是全然同一的了。因为这是它的状况的感觉里面的快适，又因为最后我们的一切能力的使用毕竟是为着实践的，而且必须在这里面结合为它们的目的，所以人们就不能期待他们对事物及其价值的品评，除了依凭它们所许的愉快以外还有别的什么。至于以怎样的方式来达到这一点，到底是完全无关重要的。再则，只有方法的选择在这里能有所区分，所以人们能够相互指摘愚蠢和无知而不能指斥卑鄙和凶恶：因为究竟个人照着自己的方式观看事

① 一个对于愉快的对象所下的判断，可能是完全无利害感，但却可以很有兴趣，那就是说，它不建立于任何利害感之上而却产生出一个兴趣。一切纯粹的道德判断就是这一类。但鉴赏判断本身也并不建立任何利害兴趣，只是在社会里具有鉴赏力是有兴趣的事，这理由将在后面指出。——原注

物，都是奔赴一个目的，这对于每人是一种快乐。

如果快乐及不快的情绪的一个规定被称为感觉，那么这个称号是和我把一件事物的表象（经由感官，作为隶属于认识的感受性）命名为感觉是完全两回事。因为在后一个场合表象是连系于客体，而在第一个场合只是连系于主体，而且完全不是服务于认识，也不是服务于使主体所赖以自觉的这种认识。

但是我们在上面的解说里把感觉这名词了解为感官的客观表象；并且，为了避免陷于常误解的危险，我们愿意把那时必须只是纯粹主观的而且根本不能成为一件事物的表象的感觉，用通常惯用的情感一词来称呼它。草地的绿色是属于客观的感觉，作为对于感官对象的觉知；而这绿色的快适却是属于主观的感觉，它并不表示什么事物，这就是说它是隶属于情感，借赖它，事物被看作愉快的对象（而不是对于它的认识）。

当我对一对象的判断表白了我把它认为快适时，这里也就表现了我对于它感到有兴趣。这从下面事实可以看出来，那就是经由感觉激起一种趋向这个对象的欲求，说明这种愉快不仅仅是对这对象的判断而且是假定着当我受着这样一个对象的刺激时它的存在对我的状况的关系，因此对于快适，人们不仅是说它使我满意，而是说它使我快乐。我献给它的不仅仅是一个赞许，而是对于它发生了爱好；至于极其泼辣的快适，就不再容有何等批判它的客体性质的余地，专一从事寻找享受的人们（享受这一词指说快乐的内心化），是乐于放弃一切批判的。

第4节　对于善的愉快是和利益兴趣结合着的

善是依着理性通过单纯的概念使人满意的。我们称呼某一些东西对于什么好(那有用的),它只是作为工具(媒介)而给人满意;另一些东西却是本身好,它自身令人满意。在两种里面都含有一个目的的概念,这就是理性对于意欲(至少是可能的)的关系,因此是对于一个客体或一个行为的存在的一种愉快,这也就是一种利害关系。去发现某一对象的善,我必须时时知道,这个对象是怎样一个东西,这就是说,从它获得一个概念。去发现它的美,我就不需要这样做。花,自由的素描,无任何意图地相互缠绕着的、被人称作簇叶饰的纹线,它们并不意味着什么,并不依据任何一定的概念,但却令人愉快满意。对于善的愉快必须依据着关于一个事物的反省,这反省导致任何一个(不确定那一个)概念,并且由此把它自身和那建立于感觉上面的快适区别开来。

固然那快适好像和善在许多场合是一致的。人们通常说着:一切(主要是那经久性的)快乐本身就是善的;这就仿佛是说,作为经久性的快乐或作为善,这是一样的东西。但人们不久便觉察到,这只是一种错误的字义的换置,而隶属于这字上面的概念是不能相互交换的。那快适,本身就表示事物对官能的关系,固然必须通过一个目的的概念而放在理性的原则之下,以致把它作为意欲的对象而称作善。但这对于愉快却完全是另一种关系,如果我把使我快适的东西同时唤作善,从这里可以看出,在善那里永远有这问题，即是否仅是间接的善还是直接的善(是有益还是本身好)；而在快适这里就根本不能有这问题，因为这个字时时意味着那直接使人满意的东西(正因这样它是和我所称为美的相接近)。就在最通常的言谈里人们也把快适同善区分开来。对于一种由于香料和其他作料而提高了口味的菜肴，人们毫不踌躇地说，它是令人快适的，并且同时也承认，它并不是善：因为它直接地能使官能享受，但间接地通过理性而考虑它的后果，它就不使人满意了。甚至于在判断健康时，人们也觉察到这种区别。每个健康的人，他是直接感到快适的(至少是消极地远离了一切身体的痛苦)。但是要说出健康是善，人们必须通过理性而注意到目的，那就是说，健康是一种状态，它能叫我们对于一切事物兴致勃勃。关于幸福，那就人人相信，生活里的最大总数的(就量和持久来说)快适，可以称唤为真实的、甚至最高的善。但是对于这一层，理性还是抗议的。快适是享受。如果仅只是为了享受，那么对于达到目的的手段而有所踌躇，就是愚蠢的了，不论这手段是被动地接受大自然的恩赐，或是经由自动的和我们自己的作用而获得它。至于一个人，只是为了享受而生活着(在这目的之下他那么忙碌着)，甚至于他对一切只以享受为生活目的的别人，也作为手段来竭力帮助的，因为他在同情中也同他们享得一切快乐，这种人的生存自身也可能有一种价值。然而理性对这个也是不让自己被说服的。只有人不顾到享受而行动着，在完全的自由里不管大自然会消极地给予他什么，这才赋予他作为一个人格的生存的存在以一绝对的价值；而幸福和着它的

快适的全部丰富性还远不是绝对的善。①

但不管快适和善中间这一切的区别，双方在一点上却是相一致的：那就是它们时时总是和一个对于它们的对象的利害结合着，不仅是那快适（第 3 节），和那间接的善（有益的），它是作为达到任何一个快适的手段而令人满意的，并且还有那根本的在任何目标里的善，这就是那道德的善，它在自身里面带着最高的利害关系。因为善是意欲的对象（这就是一个通过理性规定着的欲求能力的对象）。欲求一个事物和对于它的存在怀着愉快之情，就是说，对它感着利害兴趣，这两者是一回事。

第 5 节　三种不同特性的愉快之比较

快适和善二者对于欲求能力都有关系，并且前者本身就带着一种受感性制约的（因刺激而生的）愉快，后者带着一种纯粹的实践的愉快，而这不单是受事物的表象，而同时是受主体和对象存在的表象关系所决定。不单是这对象而也是它的存在能令人满意。与此相反，鉴赏判断仅仅是静观的，这就是这样的一种判断：它对一对象的存在是淡漠的，只把它的性质和快感及不快感结合起来。然而，静观本身不是对着概念的；因为鉴赏判断并不是知识判断（既不是理论的，也不是实践的），因此既不是以概念为其基础也不是以概念为其目的。

① 一个对于享乐的义务是显然地不合理。同样一个对一切以享受为目的诸行为的所谓义务也必是不合理的：尽管人们如何愿意把它设想或粉饰为什么精神性的东西，以及设想它也是一种神秘的、所谓天上的享乐。——原注

快适、美、善，这三者表示表象对于快感及不快感的三种不同的关系，在这些关系里我们可以看到其对象或表现都彼此不同。而且表示这三种愉快的各个适当名词也是各不相同的，快适，是使人快乐的；美，不过是使他满意；善，就是被他珍贵的、赞许的，这就是说，他在它里面肯定一种客观价值。快适也适用于无理性的动物。美只适用于人类，换句话说，适用于动物性的又具有理性的生灵——因为人不仅是有理性（就是说，有灵魂）的，但同时也是一种动物。善却是一般地适用于一切有理性的动物，这个命题要留待下文才能予以充分地证实和说明。人可以说：在这三种愉快里只有对于美的欣赏的愉快是唯一无利害关系的和自由的愉快；因为既没有官能方面的利害感，也没理性方面的利害感来强迫我们去赞许。因此人们关于这三种愉快可以说：在上述三种场合里，愉快是与偏爱，或与惠爱，或与尊重有关系。而惠爱是唯一的自由的愉快。一个偏爱的对象或一个受理性规律驱使我们去欲求的对象，是不给我们以自由的，不让我们自己从任何方面造出一件快乐的对象来的。一切利害关系是以需要为前提，或带给我们一种需要；而它作为赞许的规定根据是不让我们对于一个对象的判断有自由的。

关于快适方面的偏爱心，每个人会说：饥饿是最好的美食，对具有健康食欲的人们一切都有味，只要是能吃的东西；因此一个这样的愉快是不能证明它的选择是照着鉴赏力的。只有在需要满足后，人才能在许多人里面分辨出谁有鉴赏力，谁没有鉴赏力来[①]。同样也有无道德的风俗行为，无善意的礼貌，无真诚的绅士风度等

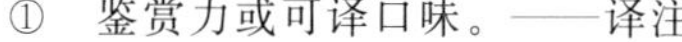

① 鉴赏力或可译口味。——译注

等。因为在照风俗的规则而行的场合，客观上对于举止就不让人有自由选择的余地；而在满足时（或在评判别人的满足时）表示你的鉴赏力（口味），和表示你的道德的思想态度，这两者是完全不同的：因为表示后者是包含着一个命令和产生一个需要，而与此相反，道德的鉴赏却仅仅是玩弄着愉快的对象而已，而并不粘着于任何一个对象。

从第一个契机总结出来的对美的说明

鉴赏是凭借完全无利害观念的快感和不快感对某一对象或其表现方法的一种判断力。

鉴赏判断的第二个契机，即按照量上来看的

第6节 美是不依赖概念而作为一个普遍愉快的对象被表现出来的

这个关于美的说明是能从前面的说明引申出来：即美是无一切利害关系的愉快的对象。因为人自觉到对那愉快的对象在他是无任何利害关系时，他就不能不判定这对象必具有使每个人愉快的根据。因为它既然不是植根于主体的任何偏爱（也不是基于任何其他一种经过考虑的利害感），而是判断者在他对于这对象愉快时，感到自己是完全自由的：于是他就不能找到私人的只和他的主体有关的条件作为这愉快的根据，因此必须认为这种愉快是根据他所设想人人共有的东西。结果他必须相信他有理由设想每个人

都同感到此愉快。他将会这样谈到美，好像美是对象的一种性质而他的判断是逻辑的（凭借概念以构成的对于对象的知识）；虽然这判断只是审美的，并且仅仅包含着对象对于主体的一种关系：然而因为它究竟和逻辑的判断相似，人们能够设定它适用于每个人。但是从概念也不能产生这普遍性来。因为从概念是不能过渡到快感及不快感的（除非在纯粹的实践诸规律里面，而这却自身伴着一种利害关系，这又是和纯粹的鉴赏判断无关）。所以鉴赏的判断，既然意识到在它内部并没有任何的利害关系，它就必然只要求对于每个人都能适用，而并不要求客体具有普遍性，这就是说，它只是和主观普遍性的要求连结着的。

第 7 节　依上述的特征比较美和快适及善

关于快适，每个人只须知道他的判断只是依据着他个人感觉，并且当他说某一对象令他满意时，也只是局限于他个人范围内，那就够了。所以当他说：加那利香槟是快适的，这时若有别人改正他的说法，说他应该说：这酒对于我是快适的，他一定是会满意的；这不仅是对于舌、颚、咽喉是这样，对于眼和耳等所感的快适也是这样。对于一种人紫色是温和可爱，对另一种人是无光彩和无生气的。有人爱管乐，有人爱弦乐。在这方面争辩，把别人和我不同的判断认为是不正确，说它是背反逻辑而加以斥责，这真是蠢事。关于快适，下面这一原则是妥当的，即：每一个人有他独自的（感官的）鉴赏。

在美这方面，那是完全两回事了。如果某人，自满于他自己的鉴赏力，他以下面的话想来替自己辩解：这个对象（我们看着的这建筑，那个人穿的衣裳，我们倾听着的乐奏，正在提供评赏的诗）对于我是美的。这是可笑的。如果那些对象单使他满意，他就不能称呼它为美。许多事物可能使他觉得可爱和快适，这是没有别人管的事；但是如果他把某一事物称作美，这时他就假定别人也同样感到这种愉快：他不仅仅是为自己这样判断着，他也是为每个人这样判断着，并且他谈及美时，好像它（这美）是事物的一个属性。他因此说：这事物是美，并且不是因为他见到别人多次和他的意见相同，而把别人的同意也计算进他的关于愉快的判断之内，反过来他是要求着别人与他同意。如果他们的判断不相同，他会斥责他们而认为他们没有鉴赏力，而他是要求着他们应该具有鉴赏力的；因此人们不能说：各个人具有他的特殊的鉴赏力，这就等于说：完全没有所谓鉴赏力，那就是说，审美判断是没有权利要求人人都同意的。

但是就在关于快适方面的判断也能在人们里面见到意见的一致，在这意义下人们否认某些人有鉴赏力，肯定另一些人有鉴赏力，并且不是就官能感觉来说，是就关于一般快适的评定能力来说。所以人可以称说某人有鉴赏力，知道怎样拿许多快适的事（各种官能的享受）来款待他的客人们，而使他们全都满意。但是在这里这普遍性也只是从比较里得来的；并且只有一般普通的（像一切经验性的）而不是普遍性的规律，而关于美的鉴赏判断却是从事于和要求着这种普遍性规律的。就善的方面而言，判断固然也有理由要求着对于每个人的有效性；但善只是经由概念作为一普遍的愉快的对象被表示出来的，在快适和美的场合却都不是这样。

第8节　在一鉴赏判断里愉快的普遍性只作为主观的被表象出来的

在鉴赏判断里所能见到的直感判断之普遍性的特殊规定，是一件难解之事，这固然不是对于逻辑家而是对于先验哲学家而言，它要求着他付出不少辛劳去发现它的源泉，但是也因此说明了我们认识能力里的一个特性，这种特性若果不经过细密的分析恐怕是终于难以觉察的。

首先我们必须完全相信：人们通过（对美的）的鉴赏判断来断定每个人对于这一对象都感到愉快时，却不是依据着一个概念（要这样那就是善了）。一个宣称某一事物为美的判断，本质地包含着这种普遍性的要求。没有人运用这一名词时不想到这一点的，一切不依赖概念而使人愉快的东西便算作快适，而关于快适，每人头脑里可以有他自己的一套看法，不须期待别人同意他的鉴赏判断，在对于美的鉴赏判断里却时时必须这样做。我把第一种称作感官的鉴赏，第二种称作反省的鉴赏：第一种仅是个人的判断，第二种却主张普遍的有效性，而两者都是直观的（不是实践的）判断，是对一个对象仅仅就其表象对于快感及不快感的关系所下的判断。现在却使人诧异的是，关于感官鉴赏，不但是经验表示着它的判断（对于某一事物的快感及不快感）不是普遍有效，而是每个人自己那样谦虚，不期待别人和他取得一致（尽管事实上在这些判断里常常会有很广泛的一致性）。在反省的鉴赏里，如经验所示，其（审美）判断对每个人的普遍性的要求仍往往会被拒绝，尽管它觉得自己能够提出（事实他也是这样做）要求别人与之一致的判断，并且

事实上也期待它的每一个鉴赏判断都博得别人的同意，而那些评判的人们不因这种要求的可能性而争吵，只是在特殊场合对于这判断能力的正确运用可能是不一致的。

在这里首先要指出：凡是不基于对事物的概念（哪怕仅是经验概念）的普遍性，绝不是逻辑的，而是审美的，那就是说，它不含有判断的客观的量，而只是含着主观的量，对于这种量我用共同有效性（Gemeingueltigkeit）这一词来称它，这名词不是指表象对认识能力的关系，而是指表象对每个主体的快感及不快感的关系。（人们也可以运用这一个词来指判断的逻辑性的量，只要人们加以说明这是"客观的"普遍有效性，以别于仅仅是主观的普遍有效性，而后者总只是审美的。）

但一个具有客观的普遍有效性的判断也往往是在主观上有效而已，那就是说，假使这判断对于包含在某一概念里的一切是有效的，那么它对于每个用这概念来表示一个对象的人也是有效的。然而，从一个主观的普遍有效性，那就是说，审美的、不基于任何概念的普遍有效性，是不能引申出逻辑的普遍有效性的：因为那种判断完全不涉及客体。正因为这样，这赋予一判断的审美的普遍性，必须是特殊样式的普遍性，因为它[①]不是把美的宾词同客体的概念（就这概念的全部逻辑范围来观察）连结起来，但是它仍然涉及评判的人们的全部范围。

就逻辑的量的范畴方面来看，一切鉴赏判断都是单个的判断。因为由于我必须把对象直接保持在我的快感或不快感上，而且不

① 指普遍性。——译注

是通过概念，于是那些判断就不能有像客观普遍有效性的判断的那样的量；尽管，如果这鉴赏判断的对象的单个表象依据规定着这鉴赏判断的条件，通过比较，这单个表象转换为一个概念，也会从这里成功一个逻辑的普遍判断：譬如，我眼前看着这玫瑰，我通过鉴赏判断称它为美。与此相反，那通过比较许多单个判断产生出来的判断：玫瑰花一般地是美的，这就不仅是作为审美的，而且是作为一个基础于审美判断之上的逻辑判断而说出来的了。现在那判断：玫瑰（在香味上）是快适的，固然也是审美的和单个的判断，但不是鉴赏判断，而是官能的判断。它在这点上和第一种判断有区别：鉴赏判断本身就带有审美的量的普遍性，那就是说，它对每个人都是有效的，而关于快适的判断却不能这样说。只是关于善的判断，它虽然也规定着对一个对象的快感，却具有逻辑的、不仅是审美的普遍性；因为它是涉及客体的，作为对它的知识的，而因此对每个人都有效。

如果人只依概念来判断对象，那么美的一切表象都消失了。那么也不会有法则可依据来强迫别人承认某一事物为美。至于一件衣服，一座房屋，一朵花是不是美，就不能用理由或原则来说服别人改变他的评判了。人要用自己眼睛来看那对象，好像他的愉快只系于感觉；但是，当人称这对象为美时，他又相信他自己会获得普遍赞同并且对每个人提出同意的要求；与此相反，每一个人的感觉却只靠这位欣赏者和他的快感来决定了。

从这里可以看出，在鉴赏判断里除掉这不经概念媒介的愉快方面的这种普遍赞同以外，就不设定着什么；这就是一个审美判断的可能性，能视为同时对于每个人都有效。鉴赏判断本身并不假定每个人的同意(只有逻辑的普遍判断才能这样做,因它能举出理由来);鉴赏判断只设想每个人的同意,照它所期望的常例来说,这不是以概念来确定,而是期待别人赞同。这普遍的赞同所以只是一个观念(它基于什么,这里还不加研究)[①]。至于那个自以为下了鉴赏判断的人,事实上是否符合这个观念而下判断那是不能断定的。但是他仍然把它联系到这观念上面来,认他的判断应该是一个鉴赏判断,他以美这词语来表示着。对于他自己,他只须意识到他已经把属于快适和善的东西从剩下的愉快分离开来,那他就会确知的[②]。使他自信能获得每个人的赞同的就是这一切:在这些条件下他有权利提出这个要求,只要他不常常违反了这些条件以致下了一个错误的鉴赏判断。

第9节 研究这问题:在鉴赏判断里是否快乐的情感先于对对象的判定还是判定先于前者

这个问题的解决是鉴赏判断的关键,因此值得十分注意。如果对于某一物象的快感业先出现了,但是当对此物象下鉴赏判断时却仅仅承认它的普遍传达性,这样的说法就自相矛盾了。因为这样的快感除掉单是官能感觉里的快适而外不是别的,并且因此依照它的本质来说只能具有个人有效性,因为它直接系于对象所由呈现的表象。

所以某一表象里面的心意状态的普遍传达能力,作为鉴赏判

① 观念 Idee,亦可译理念或理想目标。——译注

② 确定他的判断是鉴赏判断。——译注

断的主观条件来说，必然是最基本的，并且其结果就必然对这对象发生快感。但是除知识及属于知识的表象而外，是没有东西能够被普遍传达的。因为只有知识才是客观的，并且以此具有着普遍的对证点，由这对证点一切人的表象能力不得不彼此一致。如果现在我们断定这种表象的普遍传达性的规定根据，仅仅是主观的，即不依存于对象的任何概念的，那么这种规定根据除心意状态外不能是别的了。这心意状态是在各表象能力的相互关系间见到的，在这诸表象能力把一个一定的表象连系到一般认识的限度内。

这表象所牵涉的各种认识能力，便取得了自由活动之余地，因为没有任何确定的概念把它局限在一个特殊的认识规律里。在这个表象里的心意状态所以必须是诸表象能力在一定的表象上向着一般认识的自由活动的情绪。但是一个表象，如果某对象是赖它而被认识的，那就是说，赖它而达到一般认识——这个表象就必须具有想象力，以便把多样的直观集合起来，也必须具有悟性，以便由概念的统一性把诸表象统一起来。这个认识能力的自由活动的状态，在一个对象所赖以被认识的表象里，必须使自己能普遍传达，因为认识作为客体的规定，那些一定的表象（不论在哪个主体里面）必须与之协调，这才是唯一一种的对于每个人都有效的表象。

在一个鉴赏判断里，表象样式的主观的普遍传达性，因为它是没有一定的概念为前提也可能成立，所以它，除掉作为在想象能力的自由活动里和悟性里（在它们相互协调、以达到一般认识的需要范围内）的心意状态外，不能有别的，而我们知道：这种对于一般认识适当的主观关系，必须是对于每个人都有效的，并且因此必须能够普遍传达，就像一切一定的知识，究系常常依据着那项作为主观

条件的关系。

这种对于对象或它所凭借的表象只是主观的（直观的）判断，是先于快感而生的，并且它是对诸认识能力之谐和性的快乐的根源，但是，和我们称之为美的对象的表象相结合着的愉快底普遍主观有效性，只是建筑在判定对象时的主观条件的普遍性上面。

至于人们能够把心意状态传达出来，纵然只是关于诸认识能力的这一点上，这种能力本身就带有快乐，这一层可以从人类爱交际的天然倾向（经验的和心理学的）来说明。但是这对于我们的企图是不够的。我们所感到的快乐，我们就推断它在每个别人的鉴赏判断里必然具有，好像当我们称为美时，就把它看作是对象的一种属性，这属性是依照诸概念来决定它具有的。因为美若没有着对于主体的情感的关系，它本身就一无所有。但是这问题的说明，我们要留待下列问题解答以后，即：先验的审美判断是否以及怎样可能。

我们现在还是从事于较次的问题，即：我们在鉴赏判断中是怎样觉察诸认识能力彼此之间的主观的协和，是否直感地通过内在感官和感觉，或是知性地通过我们的有计划的活动的意识，依靠这活动把那些诸认识能力推动起来呢？

假使那引起鉴赏判断的一定表象是这样一个概念：它在判断对象时把悟性和想象力结合起来使之成为关于对象的一个认识，那么这种关系的意识将是知性的（像在纯粹理性批判里判断力的客观图式论中所述）。但是这样所下的判断将不是在和快感及不快感的关系中的判断了，因此不是鉴赏判断。然而鉴赏判断在愉快及美的称谓的关系里规定客体时是与概念无涉的。因此那关系的主观统一性只能经由感觉表示出来。两种能力（想象力和悟性）

之所以成为**不确定的**，但经由一定表象的机缘的媒介成为调协的活动，而这活动隶属于认识一般，**其推动力是感觉**，这感觉的普遍传达性要求着鉴赏判断。一个客观的关系固然只可以被设想，但是，在按照它的条件是主观的这范围内，它[①]仍将在对于心意的影响中被知觉察到；并且在一种不以概念作基础的关系（像表象诸力对一般认识力的关系）里也是除掉因感到下述影响：即在通过相互调协推动着的心意诸力（想象力和知性）的活泼的活动中的影响以外，是没有别项的对于它的意识的。一个表象，它作为单个的及没有和别的比较仍然有着对构成悟性一般的事业的诸条件的一种协合，**它把认识诸能力带进比例适合的调协，这种调协是我们要求于一切认识，并且因此对于每个人有效，而每个人是必须结合悟性和感官去判断的**。

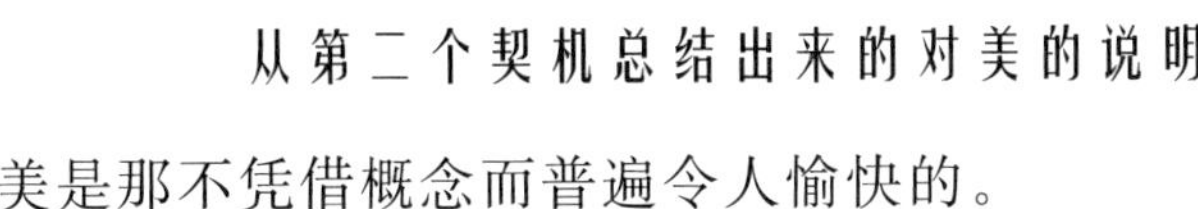

从第二个契机总结出来的对美的说明

美是那不凭借概念而普遍令人愉快的。

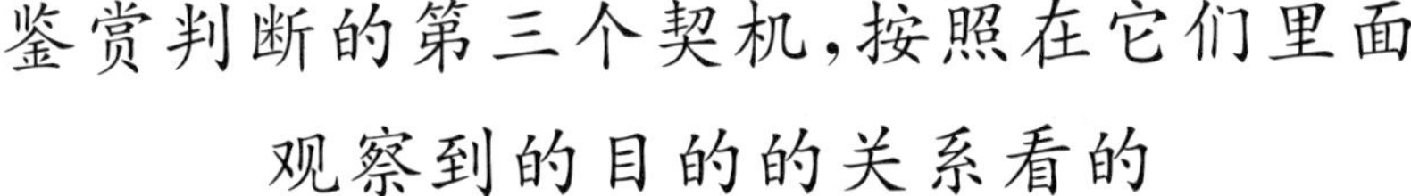

鉴赏判断的第三个契机，按照在它们里面观察到的目的的关系看的

第 10 节　论合目的性一般

如果人们按照目的的先验的诸规定来解说一个目的是什么（而不以经验的或快乐的情感等为前提）：那么在概念被视为目的的原

① 指客观关系。——译注

因(它的可能性的现实根据)的范围内,目的就是一个概念的对象;一个概念的因果性就它的对象来看就是合目的性(Forma finalis)。所以当不单是一个对象的认识,而是这对象本身(它的形式或存在)只有作为效果,即通过对它的概念才有可能想象时,这时人们自己便在思维着一个目的。效果的表象在这里是效果的原因的规定根据,并且是先于原因的。意识到一个表象对于主体的状态的因果性,企图把它保留在后者里面,于此就可以一般地指出人们所称为快乐这东西;与此相反,不快感是那种表象:它的根据在于把诸表象的状态规定到它们的自己的反对面去(阻止它们或除去它们)。

欲求能力,在它只通过概念来决定,即符合一个目的的表象而发生作用时,它就是意志。可是,一个对象,或心意状态甚或一个行为,尽管它们的可能性不是必要地以一个目的的表象为前提,也唤作合目的,仅仅因为它们的可能性能够被我们说明和理解,当我们假定着它的根据是依照目的的因果性,这就是说,一个意志,按照着某一定规则的表象来安排它。

要是我们不把这种形式的原因放在一个意志里面,合目的性因此可能没有目的,但是关于它的可能性的解释,又只在我们把它说明是出自一个意志的时候,才能使我们理解。再则,我们对于我们所观察的东西不是常常必要通过理性(依照它的可能性)来领悟的。所以我们对于一个形式上的合目的性,尽管我们对它不设想一个目的(作为目的关系的素质)作为它的根柢,仍至少能够观察到并在一些对象上见到,虽然这只是通过反省。

第 11 节　鉴赏判断除掉以一对象的（或它的表象样式的）合目的性的形式作为根据外没有别的

一切被视作愉快的根据的目的，总是在本身带着一种利害感，作为判定快乐对象的规定根据。所以对于鉴赏判断不能有主观的目的作为根据。但也没有一个客观的目的表象，这就是说，对象本身依照其目的之联系原则的可能性，能够规定鉴赏判断，从而善的概念也不能来规定它，因为它是一审美的而不是认识的判断。所以，这判断不涉及对象的关于性质的概念和内在的或外在的可能性，无论是经由此或彼原因，而仅是涉及表象诸力当其被一个表象规定时的相互关系。

规定一个对象为美时的这种关系，现在是和快感结合着的；而鉴赏判断却声明这种快乐是对于每个人都有效；所以绝不是一个伴着表象的快适，也不是对于这对象的完美的表象，也不是善的概念所含有的那种规定根据。所以除掉在一个对象的表象里的主观的合目的性而无任何目的（既无客观的也无主观的目的）以外，没有别的了。因此当我们觉知一定对象的表象时，这表象中合目的性的单纯形式，那个我们判定为不依赖概念而具有普遍传达性的愉快，就构成鉴赏判断的规定根据。

第 12 节　鉴赏判断基于先验的根据

把快感或不快感当作是和任何一个作为它的先验原因的表象（感觉或概念）相结合的结果，是绝不可能的；因为这样就会是一种因果关系，而这因果关系（在经验的事物内）只能时时是后天的和凭借经验才能被认识的。固然我们在实践理性批判里实际上曾把敬的感情从先验的普遍道德概念导引出来(这敬的感情作为情感的一个特殊的和独特的情感样式,既不和我们从经验对象得来的快感也不和不快感真正彼此一致)。但是甚至在这里我们也能够超越经验的界限并且把一个筑基在主体的超感性的性质上面的因果性,即自由的性质,导引出来。但是就在这里我们实际上不是把这种感情而只是把意志的规定从道德的观念导引出来作为它的原因的。一个从任何方面规定着的意志的心意状态,本身却已经是快乐情感并且和它同一,所以不是作为结果从它导引出来:后者只能被假定着,假使道德的概念作为一个善的概念通过规律先于意志而被规定;那么,和这概念联结着的快乐就不可能从它仅只作为一个认识而导引出来。

在审美判断里对于快乐也在类似情况中:只是它在这里仅只是静观的,并且不是对于对象发生一种利害感,而在道德判断里却是实践的。

对于主体里诸认识能力的活动中仅是形式的合目的性的意识,在一定的对象的表象上,就是快乐本身;因为在一个审美判断里,它具有一个有关于主体诸认识能力之激动的主体活动的规定根据,从而是具有那有关于一般认识而不是局限于某一种认识的内在因果性(即合目的的因果性),而因此仅具有表象的主观目的性的形式。这种快乐也绝非在任何样式里是实践的,既不像是由于快适的、感官的理由,也不像是由于所代表的善的理智的理由。但这快乐本身仍含有因果性,即维持着表象本身的状态及诸认识能力的活动而无其他意图。在观察美之时我们依依不舍留恋着,因为这种观察不断地自行加强并且反复再现，就类似当对象的表象中的一种[物质的]魅力的刺激反复地唤醒着注意时使你留恋那样，这时你的心情却是被动的。

第13节　纯粹鉴赏判断是不依存于刺激和感动

一切的利害感都败坏着鉴赏判断并且剥夺了它的无偏颇性，尤其是当它不是像理性的利害观念把合目的性安放在快乐的情感之前，而是把它筑基于后者之上；这种情况常常在审美判断涉及一事物给予我们以快感或痛苦的场合时出现。因此这样被刺激起来的判断完全不能要求或仅能要求那么多的普遍有效性；这要看有若干此类感情混在鉴赏的规定根据之内。当鉴赏为了愉快、仍需要刺激与感动的混合时，甚至于以此作为赞美的尺度时，这种鉴赏仍然是很粗俗的。

魅力的刺激往往不仅作为协助审美时的普遍的愉快而计算在美之内（美却实际上只应涉及形式），它本身还会被认作美，即愉快的素材被认作形式；这是一种误解，像许多其他的误解一样，常常具有一些真理作根据，而经过细致地分析了这些概念才可以把它们消除。

当刺激和感动没有影响着一个鉴赏判断（尽管它们仍然和这对于美的愉快结合着），后者仅以形式的合目的性作为规定根据时，这才是一个纯粹的鉴赏判断。

第14节　通过引例来说明

审美判断恰好像论理的（逻辑的）判断那样，可以分为经验的和纯粹的两类。第一类说明什么是快适及不快适，第二类说明一个对象或它的表象是怎样的美。前者是感官的判断（质料的审美的[或译直感的]判断），唯独后者（形式的判断）是在固有意义里的鉴赏判断。

一个鉴赏判断所以仅在下述限度里是纯粹的，即当没有单纯经验的愉快混合在它的规定根据里面的时候。如果在一个声明某事物为美的判断里有着魅力的刺激或情感参加其间，这时候混合的情况就发生了。

此处有种种反对意见提了出来，它们表示魅力的刺激毕竟不仅是作为美的必然的成分，而且本身已足够称为美。

一种单纯的颜色，譬如一块草地的绿色，一个单纯的音调（别于音响及噪音），譬如一种提琴的音，被大多数人认为它们本身就是美的；尽管二者仅仅是以表现的资料，即只是以感觉为其基础，并且因此只合称为快适。但是人们仍将同时注意到，颜色和音调的感觉只在下述限度内才能够正当地称为美，即二者是纯粹的。**这已经是一个涉及形式的规定**，并且也是从这些表象里唯一能够确定地普遍传达的。因为不能设想：感觉本身的性质能够对于一切主体里是彼此一致的，或者说，一种颜色的快适超过别一种，或一种乐器的声音的快适超过另一种乐器，凡此判断都能够同样适合于每个人。

如果人们同意欧拉[①]所说（我对此仍很怀疑着），颜色是以太的等时相续的振动（脉搏），音响里的声音是波动着的空气，并且，

① Euler，1707—1783，德国天才的数学家。——译注

主要地是，心意不仅是由于通过感觉使器官昂进，而且是由于通过反省而达到印象的有规律的活动（因此在不同的诸表象的结合形式）：所以颜色及声音不单是感觉而已，而且，是感觉的多样统一在形式上的规定，并因此本身也能算入美之内。

但是单纯的感觉样式的纯粹性，意味着这感觉样式的同形性不被别样的感觉扰乱和中断，并且仅是属于形式方面：因为人们在此只能够从那感觉样式的性质概括出来（不论那感觉样式是否能表象和表象着何种颜色及音调）。因此一切单纯的颜色，在它们的纯粹的范围内，被视为美。混合的颜色就没有这优点；正因它们不是单纯的，人们没有评定它们应否称为纯粹或不纯粹的标准。

至于一个对象由于它的形式而具有的那种美，当人们以为凭借魅力的刺激能够提高它，这种想法是一个庸俗的错误，是对于真正的、纯洁的、有根据的鉴赏力很有害的谬误；固然除了美外仍可以加上魅力的刺激，使心意通过对象的表象除了空洞的愉快以外还感兴趣，鼓励着鉴赏和培养趣味，尤其是当鉴赏还是粗俗和未精炼之时。可是，它们实际上破坏了鉴赏，假使它们吸引了注意而以之作为美的判定根据。因它们远不能对此有所贡献，除非在它们不骚扰那美的形式而且当趣味还微弱和未精炼时——它们是被当作异分子而宽大地被容纳而已。

在绘画、雕刻艺术，以至一切造型艺术中，在建筑、庭园艺术，在它们作为美术这范围内，素描是十分重要的，在素描里，对于鉴赏重要的不是感觉的快感，而是单纯经由它的形式给人的愉快。渲染着轮廓的色彩是属于刺激的；它们固然能使对象本身给感觉以活泼印象；却不能使它值得观照和美。它们往往受美的形式的要求所限制，就是在刺激被容纳的地方，也仅是由于形式而提高着它的品格。（译者按：康德深受十八世纪古典主义美术观的影响。）

一切感官对象的形式（外在的感官的及间接的内在感官的）不是形象便是表演，在后一场合是形象的表演（在空间里的模拟及舞蹈），或单纯是感觉（在时间里）的表演。色彩的魅力或乐器的使人快适的音响能参加进来，但在前一场合的素描和在后者的构图形式是构成纯粹鉴赏判断的本然的对象。若果说颜色和音响的纯粹性，或者它们的多样性及其彼此对照，似乎对于美有所增添，那并不意味着：因为它们本身是快适的，所以就仿佛在形式方面同样也增添了愉快，反之，之所以如此，却是因为它们使得形式更精细些、更精确些、明确些、完整些。并且此外由刺激而使表象生动，唤起和保持着对于对象本身的注意。

就是人们所称作装饰的东西，那就是说，它非内在地属于对象的全体表象作为其组成要素，而只是外在地作为增添物以增加欣赏的快感，它之增加快感仍只是凭借其形式：像画幅的框子，或雕像上的衣饰，或华屋的柱廊。假使装饰本身不是建立在美的形式中，而是像金边框子，拿它的刺激来把画幅推荐给人们去赞赏：这时它就叫作“虚饰”而破坏了真正的美。

感动，这是一种感觉，当快适只由于瞬间的阻碍和接着来的生活力更蓬勃的迸发所引出的，它完全不属于美。

崇高（感动的情绪和它结合着），却要求着另一种和鉴赏所引以为依据的不同的判定标准；所以一个纯粹的鉴赏判断是既不以魅力的刺激，也不以感动，一句话说来，不以作为审美判断的**质料**

的感觉，为规定根据。

第 15 节　鉴赏判断完全不系于完满性的概念

客观的合目的性只能经由多样性对于一定目的的关系，所以只能经由概念，而被认识，单从这点就可以明了：美，它的判定只以一单纯形式的合目的性，即一无目的的合目的性为根据的；那就是说，是完全不系于善的概念，因为后者是以一客观的合目的性，即一对象对于一目的的关系为前提。

客观的合目的性是或为外在的，即有用性，或为内在的，即对象的完满性。我们从上面两章(美的第一及第二契机)可以看到：我们对于一对象所感到的愉快，我们因之称为美的，不能基于它的有用性的表象：因为那样就会不是一直接对于这对象的愉快，而这却是关于美的判断的主要条件。但一客观的内在的合目的性，即完满性，却已接近着美的称谓，因此也被有名的哲学家[①]视为就是美，却附带声明着：在这完满性不是清楚地被思维着的场合。在一个鉴赏批判里确定美是否真正能归入完满性这概念里，这是极端重要的事。

评定客观的合目的性总是需要一目的的概念和一内在目的的概念(如果那合目的性不是外在的[有用性]，而是内在的话)，这内在目的包含着对象的内在的可能性的根据。目的一般就是：它的概念能被视作对象的可能性的根据：所以若果我们想在一事物上表出客观的合目的性，那就必须先有一个指明这事物应成为什么

① 指鲍谟伽敦。——译注

的概念。而在这事物里其多样性与概念的协调(这概念赋予它结合的规则)正是一事物的质的完满性。至于量的完满性,它乃是一事物在它的种类里的完整,所以和它完全不同,这是单纯量的概念(全量性)。在这里,事物应该成为什么是已经是作为预先规定了的,问题只在什么是达到目的所需要的东西。一个事物的表象里的形式方面,即它(不定它是什么)的多样性与一物的协调,它本身完全不给我们看出它的客观的合目的性:因为,若把这一事物作为目的抽象掉了,那么,留在观照者心意中除掉表象的主观合目的性以外,便没有剩下别的。这种诸表象的主观的合目的性固然指示出在主体内一定的表象状态的合目的性,并且在这主体里把它的一种快适性赖想象力把握到这一定的形式,但是没有指出任何一对象的完满性,这对象在这里不是经由一目的的概念被思维着的。

譬如,我在森林里遇到一块草场,周围树木环立着,而我在此并不想着一个目的,以为这草场可以用作郊外舞蹈场,这就绝少会由于单纯形式而获得完满性的概念。去设想一个形式的客观的合目的性而没有目的,即一个完满性的单纯形式(没有一切质料及使之协调的概念,哪怕仅仅是一个合一般规律的观念),这是一个真正的矛盾。

但是鉴赏判断是审美判断,这就是说,它基于主观的根据,它的规定根据不可能是概念,因此也不能是一定目的的概念。因此若果把美作为一个形式的主观的合目的性,就绝不能设想一对象的完满性作为假定形式的但仍然是客观的合目的性。美与善的概念中间的区别,若以为只是按逻辑的形式区分着,前者只是一个混乱的而后者却是一个清晰的关于完满的概念,此外按内容和起源来说却是同一的，这话是全无意义的：因为这样它们之间就没有**特殊的**区别了，而鉴赏判断就会是认识判断，也是用它来指出某事物为善的判断了。就像一个普通人，如果他说道：欺骗是不对的，他的判断的根据是模糊的，而哲学家的根据却是清晰的，但是两者都是基于同一的理性原则之上。可是，我已经讲过，一个审美判断是判断中独特的一种，并且绝不提供我们对于一对象的认识（哪怕是一模糊的认识），只有逻辑的判断才能提供认识。与此相反，审美的判断只把一个对象的表象连系于主体，并且不让我们注意到对象的性质，而只让我们注意到那决定与对象有关的表象诸能力的合目的的形式。这种判断正因为这原故被叫作审美的判断，因为**它的规定根据不是一个概念**，而**是那在心意诸能力的活动中的协调一致的情感**（内在感官的），在它们能被感觉着的限度内。与此相反，假使人们愿意把模糊的概念及以这些概念作为根据的客观判断唤作审美判断，那么，人们必须有凭感性来判断的悟性，或凭概念来表象其对象的感觉，而这两者是相互矛盾的。概念的一种功能是悟性，不管它是模糊的或清晰的。并且纵使审美判断（像一切判断那样）也含有悟性，可是悟性参与在这里面究竟不是作为对于一个对象的认识的功能，而是作为这判断和它的表象（不依赖概念）的规定的功能，依照着这表象对主体的关系和主体的内在情绪，并且在这个判断按照普遍法则而有可能的限度内。

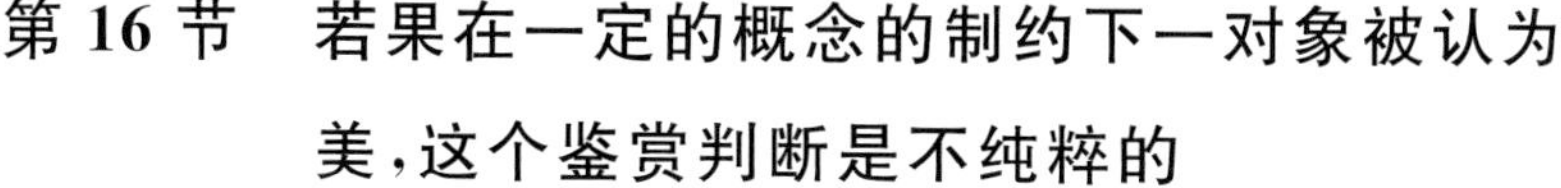

第 16 节　若果在一定的概念的制约下一对象被认为美，这个鉴赏判断是不纯粹的

有两种美，即：自由美（Pulchritudo vaga）和附庸美（Pulchritudo

adhaerens)。第一种不以对象的概念为前提,说该对象应该是什么。第二种却以这样的一个概念并以按照这概念的对象底完满性为前提。第一种唤作此物或彼物的(为自身而存的)美;第二种是作为附属于一个概念的(有条件的美),而归于那些隶属一个特殊目的的概念之下的对象。

花是自由的自然美。一朵花究竟是什么,除掉植物学家很难有人知道。就是这位知道花是植物的生殖器的人当他对之作鉴赏判断时,他也不顾到这种自然的目的。这个判断的根据就不是任何一个种的完满性,不是内在的多样之总和的合目的性,许多鸟类(鹦鹉、蜂鸟、极乐鸟),许多海产贝类本身是美的,这美绝不属于依照着概念按它的目的而规定的对象,而是自由地自身给人以愉快的。所以希腊风格的描绘,框缘或壁纸上的簇叶饰等等本身并无意义:它们并不表示什么,不是在一定的概念下的客体——而是自由的美。人们也可以把音乐里的无标题的幻想曲,以至缺歌词的一切音乐都算到这一类里。

在判断自由美(单纯依形式而判断)时,那鉴赏判断是纯粹的。这里没有假定任何一目的的概念作为前提,使多样的服务于这一定的客体并且表明这客体是什么,以静观一个形象而自娱的想象力之自由因此受到限制。

一个人的美(即男子或女子或孩儿的美),一匹马或一建筑物(教堂、宫殿、兵器厂、园亭)的美,是以一个目的的概念为前提的,这概念规定这物应该是什么,即它的完满性的概念,因此仅是附庸的美。就像快适(感觉的)和美的结合(美本来只涉及形式)妨碍鉴赏判断的纯粹性那样:善(即多样性,它对于物本身按照它的目的是好的）和美的结合破坏着它的纯粹性。

人们会把在观照里直接悦目的东西装置到一个建筑上去，假使那不是一所教堂。人们会把一些螺状线和轻快而合规则的线状将一个形体美化起来，像新西兰岛人的文身，假使那不是一个人。而这个人可能具有优美得多些和悦人的温柔的面容轮廓，假使这不是表象着一个男子，更不是一个战士。

对于一物的多样性所感到的愉快，和规定它的可能性的内在目的，这两者之间的关系，是筑基于一个概念上的愉快。然而对于美的愉快却是不以概念为前提的，而是和对象所赖以表示的表象直接地（不是通过思想）相结合着的。假使关于后者的审美判断却被做成系于前者的目的而作为理性判断从而被约制着，那么，这一鉴赏判断便不再是一自由的和纯粹的判断了。

固然鉴赏因审美的愉快和理智的愉快相结合而有所增益，因为它变成固定的了；固然它不是普遍的，可是对于一定有目的地规定的客体来说，就能给它指示出法则。但这些法则也不是鉴赏的法则，而仅仅是鉴赏和理性的统一而已，即美和善的统一，通过这统一就能够被运用为后者的企图的工具，使这自己持续着和具有主观普遍有效性的心意情调从属于下述的思想方式，这种思想方式只能经由努力的决心被持续着，但却是普遍有效的。本来完满性并不由于美而有所增益，美也不由于完满性而有所增益。但是如果我把一对象所赖以表示的表象和这客体通过一概念来比较（说它应成为什么），我们就不免要把它们同时跟主体的感觉一起予以考虑，那么，如果两方心意状态协调的话，想象力的**全部能力**就有所获益。

一个关于具有一定内在目的的对象之鉴赏判断，只有在下列情况才是纯粹的，即判定者或是对于这目的毫无概念，或是在他的判断里把它抽象掉。但是这个人，虽然当他把这对象判定为自由美时是下了一个正确的鉴赏判断，他却会被别人谴责，指摘他的鉴赏力是谬误，因为后者把那对象的美作为附庸的属性来看待（从对象的目的来看）虽然这两个人在他们的判断里都是正确的：一个人是依照着他眼前的东西，另一个人是依照着在他思想里面的东西。经过这种区分人们可以消除鉴赏评判者们中间关于美的争吵，人可以指出：这个人是抓住了自由美，那个人抓住了附庸美，前者下了一个纯粹的，后者下了一个应用的鉴赏判断。

第 17 节　论美的理想

凭借概念来判定什么是美的客观的鉴赏法则是不能有的。因为一切从下面这个源泉来的判断才是审美的，那就是说，是主体的情感而不是客体的概念成为它的规定根据。寻找一个能以一定概念提出美的普遍标准的鉴赏原则，是毫无结果的辛劳，因为所寻找的东西是不可能的，而且自相矛盾的。感觉（愉快或不快的）的普遍传达性，不依赖概念的帮助，亦即不顾一切时代及一切民族关于一定对象的表象这种感觉的尽可能的一致性：这是经验的，虽然微弱地仅能达到盖然程度的评判标准，即从诸事例中证实了的鉴赏之评判标准，这鉴赏是来源于深藏着的、在判定诸对象所赖以表现的形式时，一切人们都取得一致的共同基础。

所以人们把鉴赏的某一些产物看作范例：但并不是人们模仿着别人就似乎可能获得鉴赏力。因为鉴赏必须是自己固有的能力。一个人摹仿了一个范本而成功，这表示了他的技巧，但是只有在他能够评判这范本的限度内他才表示了他的鉴赏力[①]。

从这里得出结论：最高的范本，鉴赏的原型，只是一个观念，这必须每人在自己的内心里产生出来，而一切鉴赏的对象、一切鉴赏判断范例，以及每个人的鉴赏，都是必须依照着它来评定的。观念本来意味着一个理性概念，而理想本来意味着一个符合观念的个体的表象。因此那鉴赏的原型（它自然是筑基于理性能在最大限量所具有的不确定的观念，但不能经由概念，只能在个别的表现里被表象着）更适宜于被称为美的理想。类乎此，我们纵然没有占有了它，仍能努力在我们心内把它产生出来。但这仅能是想象力的一个理想，正因为它不是基于概念，而是基于表现，而表现的能力是想象力。现在我们是怎样达到一个这样的美的理想的？先验地还是经验地？同样：哪一种的美能成为一个理想呢？

首先应注意的是，美，若果要给它找得一个理想，就必须不是空洞的，而是被一个具有客观合目的性的概念固定下来的美，因此不隶属于一个完全纯粹的，而是属于部分地理智方面的鉴赏判断的客体。这就是说，不论一个理想是在何种评判的根据里，必须有一个理性的观念依照着一定的概念作根据。这观念先验地规定着目的，而对象的内在的可能性就奠基在它上面。

美的花朵，美的家具，美的风景等的理想（典范）是不可想象

① 关于语言艺术的鉴赏的范本，必须在一种已不通用的和艰深的语言里去寻找：第一，可以不须遭受变化，这是活的语言不可避免要碰到的，高尚的成了平凡，通常的陈旧了，新造的只通行一短时期；第二，它具有一定的语法，这种语法不因流行风尚而任意转变，但具有它的不变的法则。——原注

的。但是一个附庸于一定目的的美，譬如一座美的住宅，一棵美的树，美丽的花园等等也无理想可以表象；大概是因为其目的没有充分经由它们的概念规定着和固定着，因此那合目的性几乎是那么松散自由地像在空洞的美那里一样。

只有人，他本身就具有他的生存目的，他凭借理性规定着自己的目的，或，在他必须从外界知觉里取得目的的场合，他仍然能比较一下本质的和普遍的目的，并且直感地(审美地)判定这两者的符合：所以只有"人"才独能具有美的理想，像人类尽在他的人格里面那样；他作为睿智，能在世界一切事物中独具完满性的理想。

这里有两点：第一，是审美的规范观念，这是一个个别的直观(想象力的)代表着我们[对人]的判定标准，像判定一个特殊种类的动物那样；第二，理性观念，它把人类的不能感性地被表象出来的诸目的作为判定人类的形象的原则，诸目的通过这形象作为它们的现象而被启示出来。一个特殊种类的动物的形象的规范观念必须从经验中吸取其成分，但是这形象结构的最大的合目的性，能够成为这个种类的每个个体的审美判定的普遍标准，它是大自然这巨匠的意图的图像，只有种类在全体中而不是任何个体能符合它——这图像只存在于评定者的观念里，但是它能和它的诸比例作为审美的观念在一个模范图像里具体地表现出来。

为了能多少理解这个过程(谁能从自然完全诱出它的秘密来呢？)，我们试作一心理学的说明。

应该注意的是：想象力在一种我们完全不了解的方式内不仅是能够把许久以前的概念的符号偶然地召唤回来，而且从各种的或同一种的难以计数的对象中把对象的形象和形态再生产出来。

甚至于，如果心意着重在比较，很有可能是实际地纵使还未达到自觉地把一形象合到另一形象上去，因此从同一种类的多数形象的契合获得一平均率标准，这平均率就成为对一切的共同的尺度。人都曾经见到过成千的成人男子。如果他要判定用比较的方法以测算的规范的尺寸，那么（照我的意见）想象力让一个大数目的（大概每一千人）形象相互消长，如果允许我在此地运用视觉的表现来类推，在那大多数形象集合的空间里和在那最强色彩涂抹的轮廓线之内，这里就会显示出平均的大小，它在高和阔的方面是和最大的及最小的形体的两极端具有同样的距离，这是对于一个美男子的形体。［人们因此能机械地把它计算出，如果人们测量每一千人，把他们的高和阔（和厚）各自加起后，各把总数用千来除。但是想象力做这事却是凭借一种力学的效果，这效果是由这诸形态的复合的印象对于内在感觉器官生出来的］如果我们现在以同样的方法对于这个平均的人寻找平均的头，对于那个平均的人寻找平均的鼻，那么这样的形体，就可以作为我们进行比较的这个国度的美男子的这个规范观念之基础。一个黑人在这些经验的条件下较之白人必然具有另一种的规范观念。一个中国人比欧洲人也具有另一种。关于一匹美马或狗（一定的种类的）的模范也是这样。这规范观念不是从那自经验取得的诸比例作为规定的规律导引出来的；而是依照它（按指规范观念）评定的规律才属可能。它是从人人不同的直观体会中浮沉出来的整个种族的形象，大自然把这形象作为原始形象在这种族中作生产的根据，但没有任何个体似乎完全达到它。它绝不是这种族里美的全部原始形象，而只是构成一切美所不可忽略的条件的形式；所以只是表现这种族时的正确

性。它是规则准绳，像人们称呼波里克勒的持戈者那样（米龙的牝牛在他的种类里也可作例子）。正因为这样它也不能具含着何等种别的特性的东西；否则它就不是对于这种类的规范观念了。它的表现也不是由于美令人愉快，只是因它不和那条件相矛盾，这种类中的一物只在这条件之下才能是美的。这表现只是合规格而已[①]。

必须把美的规范观念和美的理想加以区别。美的理想，由于上述的理由，我们只能期待于人的形体。在人的形体上理想是在于表现道德，没有这个这对象将不普遍地且又积极地（不单是消极地在一个合规格的表现里）令人愉快。内在地支配着人的道德观念的可看见的表现固然只能从经验获得；但是它和一切我们的理性与道德的善在最高合目的性的联系中相结合着，即那心灵的温良，或纯洁或坚强或静穆等等在身体的表现（作为内部的影响）中使它表现出来：谁想判定这，甚至于谁想表现它，在他身上必须结合着理性的纯粹观念及想象力的巨大力量。一个这样的美的理想的正确性是这样得到证实的，那就是：自己不允许任何官能刺激混合到他对于对象所感到的愉快里去，但却仍然对它（按：指对象——译者）有巨大的兴趣，这却证明着，按照这样的标准的评判绝不能是

① 人们将见到，一个完全合规则的脸，画家请他坐着做模特的，通常是无所表现的：因为这脸不具有特性，亦即较之个性的特殊点更多地表达着种的观念。这种的特性夸张过分，便破坏了标准观念（种的合目的性），这就唤作漫画。经验也指出，那完全合规则的脸在内心里也通常暴露着一个平庸的人，我猜想（如果假定自然界是在外表表现着内在的诸比例）是由于这原因：因为，假使从心意诸禀赋里没有一种突出所必需的比例，这只能构成一个没有毛病的人，而不能从他期待人所唤作天才的那东西，在天才里自然界好像从心意诸能力的通常的关系中趋向唯一一种能力的优势。——原注

纯粹审美的，按照一个美的理想的评判不单单是鉴赏的判断了。

从第三个契机总结出的对美的说明

美是一对象的合目的性的形式，在它不具有一个目的的表象而在对象身上被知觉时[①]。

鉴赏判断的第四个契机，即按照对于对象所感到的愉快的情状上来看的

第18节　一个鉴赏判断的情状是什么？

从每一个表象我可以说：它（作为认识）是和快乐结合着，这至少是可能的。关于我所称之为快适的表象，我说，它在我内心里产生着真实的快乐。至于美，我们却认为，它是对于愉快具有着必然的关系。这种必然性是属于特殊的种类：不是一个理论性的客观的必然性，在那里能够先验地认为每个人将感到对于这个被我称为美的对象的这种愉快；也不是一个实践的，在这里，经由一个纯粹的理性意志的诸概念，这理性意志对于自由行为的存在者是作

① 人们可以反对这个说明而引来作根据说：在那里是有诸物，人在它们身上见到一个合目的性的形式而不能在他们身上见到一个目的，例如常常从古老坟地里掘出来的石器，上面具有一个为了扎捆用的洞，这些石器固然在其形状里明显地暴露出一种合目的性，而人们不知道这目的，因此而不被认为美。但是，人把它们看作一件艺术品，这就已经足够使人必须承认它们的形状是与一些企图和一定的目的有关。因此在对它们直观之时也完全没有直接的欣赏。与此相反，一朵花，例如一朵郁金香，将被视为美，因为觉察它具有一定的合目的性，而当我们判定这合目的性时，却不能联系到任何目的。——原注

为规则的——这愉快是客观规律的必然结果，并且除掉意味着人们应该(没有其他意图)在一定的方式内行动外没有别的。审美判断里所指的必然性却只能被称为范式，这就是说，它是一切人对于一个判断的赞同的必然性，这个判断便被视为我们所不能指明的一普遍规则的适用例证，因为审美判断不是客观的和知识的判断，所以这必然性不是从一定的概念引申出来的，从而也不是定言的判断。它更不能从经验的普遍性(对某一对象的美的诸判断的彻底一致)推论出来。因为不仅是经验很难提供足够的多量的证据，在经验诸判断的基础上不容建立这些判断的必然性的概念。

第19节 我们所赋予鉴赏判断的主观的必然性是受制约的

鉴赏判断期望着每个人的赞同；谁说某一物为美时，他是要求每个人赞美这当前的对象并且应该说该物为美。所以，在审美判断里的**应该**是依照一切为了评判所必需的资料论据而说的，可是仍然仅能是有条件的。人们争取着每个人的同意，因为人们要为它找出人人所共同的根据；人们也能够期待这种同意，只要人们常常确知当前的场合是正确地包含在那个作为赞同的规则的根据之下。

第20节 一个鉴赏判断所要求的必然性的条件是共通感的观念

假使鉴赏判断(像知识判断那样)具有一个一定的客观原理，那么谁要是依据这原理下了判断，他将会宣称他的判断具有无条件的必然性。假使鉴赏判断没有任何原理，像单纯感官的趣味的判断，那么人们就完全不会想到它们的必然性。所以鉴赏判断必需具有一个主观性的原理，这原理只通过情感而不是通过概念，但仍然普遍有效地规定着何物令人愉快，何物令人不愉快。一个这样的原理却只能被视为一共通感，这共通感是和人们至今也称作共通感(Sensus Communis)的一般理解本质上有区别：后者(一般理解)是不按照情感，而是时时按照概念，固然通常只按照不明了地表示的原理判断着。

所以只在这个前提下，即有一个共通感(不是理解为外在的感觉，而是从我们的认识诸能力的自由活动来的结果)，只在一个这样的共通感的前提下，我说，才能下鉴赏判断。

第 21 节　人们能不能有根据假定共通感？

知识与判断，连同那伴着它们的确信一起，必须能够普遍传达，否则它们与客体之间便不能一致：它们结合起来将仅仅是表象诸能力的主观的活动，正像怀疑论所要求的。但如果知识能够传达，那么那心意状态必须能够普遍传达，那就是说，认识能力与一般认识之间的一致，以及为了可以从其中获得认识而适合于(对象所赖以表现的)表象的这两者之比例，是必须能够普遍传达的。因为没有这个作为认识的主观条件便不能产生作为结果的知识。这种情形实际上随时实现着，如果一定的对象凭借感官把想象力推动去集合多样的东西，而想象力又把理智推动去统一这多样的东西使之成为概念。但是这认识诸能力的调协依照已知的客体的各异性而具有不同的比例。

但仍然必须有一个比例，以便两种心意力量所赖以彼此推动的这种内在关系，就（一定对象的）认识来说，对于这两种心意力量总是最有利的；而这调协只能经由情感（而不是依照概念）被规定着。

然而现在这调协本身必须能够普遍传达，从而我们对它的情感（在一定的表象里）也必须能够普遍传达；一种情感的普遍传达性却以一种共通感为前提：所以这共通感是有理由被假定的，而且不是根据心理的观察，而仅仅是作为我们知识的普遍传达性的必要条件，这是在每一种逻辑和每一非怀疑论的知识原则里必须作为前提被肯定着的。

第 22 节　在鉴赏判断里假设的普遍赞同的必然性是一种主观的必然性，它在共通感的前提下作为客观的东西被表象着

在一切我们称某一事物为美的判断里，我们不容许任何人有异议，而我们并非把我们的判断放在概念之上，而只是根据情感：我们根据这种情感不是作为私人的情感，而是作为一种共同的情感。因此而假设的共通感，就不能建立在经验的基础上；因为它将赋予此类判断以权利，即其内部含有一个应该：它不是说，每个人都将要同意我们的判断，而是应该对它同意。所以共通感，根据它的判断而提出我的鉴赏判断作为一个例子，并且因此我赋予它范例的有效性，它是一理想的规范，在它的前提下人们就能够把一个与它协合的判断和在这判断里表示出对一对象的愉快颇有理由地对每个人构成法则：因为那原理固然是主观的，却仍然被设想为主

观而普遍的(对每个人必然的观念),它涉及不同的诸判断者的一致性,就像对于一客观的判断一样,能够要求普遍的赞同;只要人确信它是正确地包含在那原理之下。

我们确实是设想一个共通感,这种不确定的规范为前提的:我们之敢于下鉴赏判断就证明了这一点。至于实际上是否有一个这样的共通感作为经验的可能性的构成原理,或是有更高级的理性的原理把它对我们仅仅作成节制的原理,以便在我们内部产生一个为了更高目的的共通感;鉴赏力是否原始的和自然的,抑或单是一种获得的和人为的能力的观念,以致鉴赏判断,连同它的普遍赞同的要求,事实上仅是一种理性要求,是一种要求产生感性形式的一致性,而那"应该",就是说,每个人的情感和每个别人的个别的情感彼此符合的客观必然性只意味着彼此一致的可能性,而鉴赏判断只是这个原理的应用之一个实例:关于这些我们在此尚不愿也不能加以研究,而我们现在只从事于分解鉴赏能力直到它的成分和最后把诸成分统一于一个共通感的观念中。

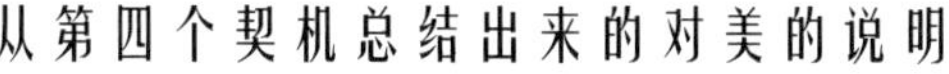

从第四个契机总结出来的对美的说明

美是不依赖概念而被当作一种必然的愉快的对象。

对于分析论第一章的总注

从以上的分析引申出来的总结,可以见到一切都归宿于鉴赏的概念:鉴赏是关联着**想象力**的**自由的合规律性**的对于对象的判定能力。如果现在在鉴赏判断里想象力必须在它的自由性里被考察着的话，那么它将首先不被视为再现，像它服从着联想律时那样，而是被视为创造性的和自发的（作为可能的直观的任意的诸形式的创造者）。固然它在把握眼前某一对象时是被束缚于这客体的一定的形式，而且在这限度内没有自由活动之余地（像在做诗里），而我们仍然可理解：对象正是能给予它这样一个形式，这形式含有多样的统一，正像想象力在自由活动时，在和悟性的合规律性一般协调中可能设想出来的一样。但是说想象力是自由的却又是本身具有规律的，这就是说，它是自主的，这是一个矛盾。唯独悟性能提供规律。如果想象力却被迫按照一定的规律去进行，那么它的成果将在形式方面被概念规定着，照它所应该的那样。但是这样一来我们上面所述的那种愉快却不是对于美，而是对于善（对于完满性，自然只是形式方面的）的愉快，而这判断不是通过鉴赏的判断了。这将就成为一个没有规律的合规律性和想象力对悟性的主观性的协调一致而并非有客观性的（协调一致），因表象是对于一对象的一定的概念联结着，将能和悟性的自由的合规律性（这也被称为没有目的的合目的性）及和一个鉴赏判断的特异性单独地共同存在着。

几何学合规则的形象，一个圆形，正方形，正六面体等，被鉴赏评判家们通常引来作为美的最单纯的和毫无疑问的例证；但是它们之所以被称为合规则，正因为它们除了这样不能用别的方法表象出来，亦即它们被视为是一个概念的单纯表现，这概念给那形象指定了规律（唯有依这规律它才有可能）。所以在这里必有一方面是错误的：或是那些鉴赏评判家的判断，赋予所设想的形象以美，或是我们的判断，认为美必须要不依赖概念的合目的性。

没有人能够轻易地下一个判断，说一个具有鉴赏力的人在一个正圆形上较之在一个歪曲的轮廓上，在一个等边等角正方形上较之在一倾斜的，不等边的，即歪曲的四方形上获得更多的愉快；因为对于这只要常识而不需要任何鉴赏力。在企图判定例如一个场所的广大，或明白各部分相互间及对全体的关系时，那就只需要合规律的形象并且要其中最简单的种类；而愉快不是直接基于形象的观照上，而是基于形象对于各项目的有用性之上。一个房间，它的墙壁构成斜角，一个同样的庭园场子，以至一切破坏了形象对称的如在动物（譬如独眼）中，在建筑或花床，是令人不愉快的，因为它违反目的，不仅是实践地在这些动物的一定的应用里，而且也对于在一切可能意图中的评判里；在鉴赏判断的场合就不是这样了，当鉴赏判断是纯粹的时，愉快或不愉快是不顾及用途或目的的，而是直接地和对象的单纯观照接合着。

导向一个对象的概念的合规则性，是不可缺少的条件，来把这对象掌握在一个单一的表象里并将多样性在这表象的形式里来规定。这个规定就认识来说是个目的。在这个关系里它也时时和愉快结合着（这愉快伴随着每一纵然只是可疑的意图的实现）。这却单是对于满足了一个课题的解决的赞许，而不是心意诸力和我们称之为美的东西的一个自由的无规定而合目的性的娱乐，在这里悟性对想象力而不是想象力对悟性服务。

在一个只通过意图才有可能的物件，在一个建筑，甚至于在一个动物，那建立于对称里的合法则性必须表现出观照的统一性来。这观照的统一性伴着目的的概念而同样隶属于认识。但是在一个仅是表象诸能力的自由活动（却在这样的条件下，即悟性在此不受到打击)被持续着的场合,在娱乐园里、室内装饰里、一些有趣味的家具里等,强制的合规则性便尽可能地避免掉;关于庭园的英国趣味,对于家具的巴洛克趣味竟驱使想象力的自由达到光怪陆离的程度,而在这摆脱一切规则的强制中恰好肯定着这场合,在这场合里鉴赏力在想象力的诸设计中能够表示它的最大的完满性。

一切僵硬的合规则性(接近数学的合规则性)本身就含有那违反趣味的成分:它不能给予观照它时持久的乐趣;而是当它若不是显著的以认识或一个一定的实践目的为意图时令人厌倦。与此相反的是,那能使想象力自在地和有目的地活动的东西,它对我们是时时新颖的,人们不会疲于欣赏它。马尔斯顿在他关于苏门答腊的描绘曾指出,在那里大自然的自由的美处处包围了观者,而因此对他不再具有多少吸引力;与此相反,一个胡椒园,藤萝蔓绕的枝干在其中构成两条平行的林荫路,当他在森林中忽然碰见这胡椒园时,这对于他便具有很多的魅力。他由此得出结论:野生的、在现象上看是不规则的美,只对于看饱了合规则性的美的人以其变化而引起愉快感。但是只要他做一个试验,一整天停留在他的胡椒园里,使他内心感到,如果悟性经由合规则性把自己置于他处处所需要的秩序井然的情调里,那对象将不会长久地令他感到有趣,甚至于对他的想象力加上了可厌的强制;与此相反,那富于多样性到了豪奢程度的大自然,它不服从于任何人为的规则,却能对他的鉴赏不断地提供粮食。——甚至于我们不能纳进任何音乐规则的鸟鸣,好像含有更多的自由,并因此比起人类的歌声来是更加有趣,而歌声是按照音乐艺术的一切规则来演唱的。因为这后者,如果多次并长时间重复着,早就会令人深深厌倦。但是此地我们恐怕是把对于一个可爱的小动物的欢乐的同情和它的歌的美互易了。它的歌，如果被人们完全准确地模仿出来（像今日对于夜莺的鸣声所做的那样），这对于我们的耳朵将是十分没趣的。

还要区别美的对象和对于对象的美的眺望（这对象常常因遥远的距离不再能认识得清晰）。在后者里面似乎鉴赏力不单是抓住想象力在这视野里所把握到的；而更多地是在于想象力有机会去做诗，那就是说它把握着真正的幻想；心意保持着这些幻想，当它经由冲击着眼帘的多样性连续地唤起来的时候；就像看见一个壁炉火焰的流动不停的或一小溪潺潺流动的形象，二者并不是美，但对于想象力却带来了一种魅力，因为它们保持着它们的自由的活动。

第二章　崇高的分析

第23节　从“美”的判定能力向“崇高”的判定能力的迁移

美和崇高在下列一点上是一致的，就是二者都是自身令人愉快的。再则两者的判断都不是感官的，也不是论理地规定着，而是以合乎反省判断为前提：因此那愉快既不系于一感觉，像快适那样，也不系于一个规定的概念，像对善的愉快那样，但是仍然关联到概念，尽管是不确定的任何概念。因此这愉快是连系在单纯的表现上或表现的能力上，而在一给定直观中的表现能力或想象力所作的表现是以悟性的或是理性的概念能力作为它的促进者，处于协合一致中。因此，两种判断（按：指美的判断和崇高的判断）都是单个的判断，但却自身对于每个主体具有普遍有效性，尽管它们仅能对快乐的情绪而不能对于对象的知识提出要求。

但是两种判断中间的差异也是显然的。自然界的美是建立于对象的形式，而这形式是成立于限制中。与此相反，崇高却是也能在对象的无形式中发见，当它身上无限或由于它（无形式的对象）的机缘无限被表象出来，而同时却又设想它是一个完整体：因此美好像被认为是一个不确定的悟性概念的，崇高却是一个理性概念的表现。于是在前者愉快是和质结合着，在后者却是和量结合着。并且后者的愉快就它的样式说也是和前者不同的：前者（美）直接在自身携带着一种促进生命的感觉，并且因此能够结合着一种活跃的游戏的想象力的魅力刺激；而后者（崇高的情绪）是一种仅能间接产生的愉快；那就是这样的，它经历着一个瞬间的生命力的阻滞，而立刻继之以生命力的因而更加强烈的喷射，崇高的感觉产生了。它的感动不是游戏，而好像是想象力活动中的严肃。所以崇高同媚人的魅力不能和合，而且心情不只是被吸引着，同时又不断地反复地被拒绝着。对于崇高的愉快不只是含着积极的快乐，更多地是惊叹或崇敬，这就可称作消极的快乐。

崇高和美的最重要的和内在的差异是这样的：如果我们在这里正当地把崇高就它在自然对象上来观察（艺术里的崇高常常是局限于和自然协合的条件之下），自然美（那独立性的）自身在它的形式里带着一种合目的性，对象由于这个对于我们的判断力好像预先被规定着了，而这样就自身构成一个愉快的对象；与此相反，在我们内心，不经过思维，只在观赏中激起崇高情绪的，就形式说来它固然和我们的判断力相抵触，不适合我们的表达机能，而因此好像对于想象力是强暴的，但却正因此可能更评赞为崇高。

人们立刻可以看出，如果我们称任何自然的对象为崇高，这一般是不正确的表达，尽管我们能够完全正确地把许多自然界对象称作美。因为一个本身被认做不符合目的的对象怎能用一个赞扬的名词来称谓它。我们只能这样说，这对象是适合于表达一个在我们心意里能够具有的崇高性；因为真正的崇高不能含在任何感性的形式里，而只涉及理性的观念：这些观念，虽然不可能有和它们恰正适合的表现形式，而正由于这种能被感性表出的不适合性，那些理性里的观念能被引动起来而召唤到情感的面前。所以广阔的，被风暴激怒的海洋不能称作崇高。它的景象只是可怕的。如果人们的心意要想通过这个景象达到一种崇高感，他们必须把心意预先装满着一些观念，心意离开了感性，让自己被鼓动着和那含有更高合目的性的观念相交涉着。

这独立的自然美使我们发现自然的一种技术，这技术把自然对我们表象为一个按照规律的体系，而这些规律的原则是在我们的整个悟性能力里不能见到的；这就是当我们运用判断力于诸现象时涉及一种合目的性，由于这个合目的性诸现象不仅仅隶属那在它的无目的性的机械主义中的自然，而是同时必须判定为隶属于类似艺术的东西。这自然美固然不曾真正地扩大我们对于自然对象的知识，但是仍然扩大了我们对自然的概念，这就是从自然作为单纯的机械性扩大到自然作为艺术的概念。而这就导引我们深入地研究这样一种形式的可能性。但是我们在自然中所通常称为崇高的现象里，却不具有任何东西导引我们到任何种特殊的客观原理和符合这原理的自然界的形式。它们（按指自然里的崇高现象）却更多地是在它们的大混乱或极狂野、极不规则的无秩序和荒芜里激引起崇高的观念，只要它们同时让我们见到伟大和力量。从这里可以看出，自然界的崇高概念比起它里面的美的概念远远不那么重要和有丰富的引申；而它根本不指示出自然本身里的任何合目的性，而只是在自然直观的可能运用中在我们内心里激起完全不系属于自然界的合目的性的感觉。关于自然界的美我们必须在我们以外去寻找一个根据，关于崇高只须在我们内部和思想的样式里，这种思想样式把崇高性带进自然的表象里去。这是必须预先加以注意的一点。崇高的观念要和自然界的合目的性完全分开。关于崇高的理论只应成为对自然界的合目的性的审美评判的一个附录。因为通过它不曾表象出自然里任何特殊的形式，而只从自然的表象发展着想象力的一个合目的性的运用而已。

第24节　关于崇高感研究的区分

在区分崇高感的对象之审美评判的诸契机的场合，分析工作能按照那同样的原则进行，像在分解鉴赏判断那里所已进行的一样。因为，对于崇高和对于美的愉快都必须就量来说是普遍有效的，就质来说是无利害感的，就关系来说是主观合目的性的，就情况来说须表象为必然的。在这一点上方法是和前一章的很少差别。人们只计算到下列一层，那就是：在前章，审美判断是涉及对象的形式，所以从研究"质"开始，在这里，我们所称谓崇高的，却能够是无形式的，所以将从"量"开始，作为对于崇高之审美判断的第一个契机：理由可以从前节看出来。

但是对崇高的分析需要一种在美的分析那里可无须作的区分，即区分为数学的和力学的崇高。因为对美的鉴赏以心意的静观为前提，并须维持着它。

而崇高感觉评判对象时却在它自身结合着心意的运动，而这种运动应判定作为主观合目的性的（因崇高使人愉快）：这运动将经由想象力或是连系于认识能力，或是连系于意欲能力，在两种关系里那当前表象的合目的性却仅就这种能力的关系而加以判断（没有目的或利害感）：因依着第一种将把数学的情调，依第二种时将把力学的情调赋予对象，于是这对象将在所述的两种样式中作为崇高被表象着。

A　论数学的崇高

第25节　崇高的语义

我们所称呼为崇高的，就是全然伟大的东西。大和一个伟大的东西是完全两个不同的概念。与此相等，我们单纯地说：某物是大的，和我们说：它是全然（绝对地）伟大的，这是完全两回事。后者是说：它是无法较量的伟大的东西。而那个表白某物是大，或小，或平常，是意味着什么呢？它所指出的不是一个纯粹的悟性的概念；它更不是一个感官的直观；并且也不是一个理性概念，因它在自身完全不带有任何一认识的原理。所以它必须是判断力的一个概念，或是来源于这个而以——连系到判断力的——一个表象的主观合目的性为基础。某物是一个大小（量），这是可以从这物自身不经过和别物的比较而察看出来，假使它是多数同类的结合而构成一体。至于它多么大，就时时需要别一个具有大小（量）的东西作为衡量的尺度。但因为在量的判定中不仅仅系于多量（数），而且也系于（尺度）单位的大小，而后者的大小又需要某一别的作为衡量的尺度；我们于是见到，诸现象的量的规定根本不能从一个量提供一绝对的概念，而在一切时候只是一个比较概念。

假使我只是说，某物大，这就好似我心中完全没有比较的意思，至少没有用客观尺度，因为这话完全没有规定这物是多大。但这衡

量的尺度尽管只是主观的，而这个判断并不减少它对于普遍同意的要求。判断：这个人美，和判断：他是大，这些判断并不限制自己于下判断的主体之内，而是像理论判断那样要求着每个人的同意。

因为在一个把某物一般地称为人的判断里，不单是要说这物具有一个量，而且将这大赋予它，超于一切其他同类之物，却又不确定地指出这个优越点：这样对于它固然是拿了一个尺度做基础，这个尺度是推断每个人能够接受的，但这个尺度只能运用在量的审美判断上，不能用在逻辑（数学规定）上面，因为它仅是一主观地在对于量的反省判断中作为基础的尺度。此外，它（这尺度）可能是经验中来的，例如我们熟识的人，某一种动物、树木、房屋、山等，或是先验赋予的尺度，由于判断主体的缺陷而被局限于在具体中表现时的主观条件：例如作为实践里某一品德的大小，或在一国土里公共自由及正义的量，或在理论中正确性的大小，或在一个观察或测量中不准确性的多寡等等。

现在这里可注意的是：尽管我们对于对象没有利害感，这就是说对象的存在我们是不关心的，但单是这对象的大，纵然它被视作无形，能够引起愉快，而这个又是能普遍传达的，这就是包含着在我们认识能力的运用中主观合目的性的意识；但这愉快不是在对象那里（因它可以是无形式的）的一种愉快，而是在于想象力自身的扩大。在美那里，反省的判断力见到自己对于认识一般是合目的地协调着的。

如果我们（在上面的限制下）简单地说某物是大，这就不是一个数学规定着的，而仅是对于这物的表象的一个反省判断，这表象是主观地适合着我们认识能力在对于大的估量中一定的运用。并且结合这种表象时有一种崇敬，而对于我们简单称呼为渺小的东西却是一种轻蔑。此外对于事物作大或小的评判是广泛地应用于一切事物的，连它们的一切性质都在内。因此连美都有大小，理由是：凡是我们依照判断力的指示在直观里所能表现的，（亦即审美地表象着的）都是现象，因而都也是量。

但是假使我们对某物不仅称为大，而全部地，绝对地，在任何角度（超越一切比较）称为大，这就是崇高。那么人们就可以看到：我们对于它是只允许在它内部，不得在它以外寻找适合的尺度。它是一种只能自身相等的大。由此得出结论：崇高不存在于自然的事物里，而只能在我们的观念里寻找。至于是在哪些观念里，就须保留到演绎部分了。

上面的说明也可以这样表达：崇高是一切和它较量的东西都是比它小的东西。人们在这里容易看到：在自然里不能有任何物，不管我们评它是多么大，在另一关系中观察它，不会降低到无穷小；而反过来，也不能有任何物那么小，在用更小的尺度比较时，对我们的想象力来说不扩大成为一个世界伟物。望远镜对于前者，显微镜对于后者给我们丰富的资料。所以，凡能成为感官对象的，在这个观点上，没有能够称作崇高的。但是正是因为：在我们的想象力里具有一个进展到无限的企图，而我们的理性里却要求着绝对的整体作为一个现实的观念，于是我们对感官世界诸物的量的估计能力的不适合性恰正在我们内部唤醒一个超感性能力的感觉。

判断力在自然的方式里运用某些事物使成为超感性能力的（感觉），这正是绝对的大，并不是那感官的对象，和它相比，每种别的运用是小。所以应该称作崇高的不是那个对象，而是那精神情调，通过某一个的使“反省判断力”活动起来的表象。

于是我们可以在上述崇高的诸解说公式以外增加下列的公式：崇高是：仅仅由于能够思维它，证实了一个超越任何感官尺度的心意能力。

第26节　达到崇高观念所必要的对自然事物的大的评量

通过数概念的评量（或是它的代数符号的）是数学的，而在单纯直观里（依据眼睛的估量）的却是审美的。我们固然能够通过数字（通过进向无限的诸数系列以接近着）对于多么宏大获得确定的概念，在这里数的单位即是尺度。在这范围内一切逻辑的对大的评量是数学的。但是因为在这里尺度的大小必须认为已经是共晓的。那么，如果这尺度的单位又只能通过数字来作数学的估量，而这数量的单位必须又是另一个尺度，我们永远不能具有一个最初的或基本的尺度，因而也不能从一个给予了的大具有确定的概念。所以对于基本尺度的大的估量只能建立于人们在直观里把它直接把握住并且能够经由想象力运用它来表现数概念！这就是：自然界事物的一切大小的估量最后是审美的（这就是说主观地，而不是客观地被规定着的）。

对于数学的估量固然是没有所谓最大的量，但对于审美的却有一个最大（限度）的量。对于这个量，我说，如果它已被判定为绝对的尺度，越过了它在主观上（即对于主体）不可能更大，那么它就在自身带有崇高的观念而引起那种感动，这感动是那通过数字的数学的估量所不能引起的，（除非那个审美的基本尺度同时也在构

象力里生动地存留着)因为后者须永远是表现着那在和别的同类的比较中的相对的大,又在心情能在一个直观里所把握到的范围内。而前者却是表示着绝对的数量。

直观地把一个量吸收到构象力里来,使它能够用作尺度或用数来估量的单位,必须具有这个机能的两个行动,即把握(Oppre hensio)和总括(Comprehensio aesthetica)。把握是没有困难的:因为它能无止境地进行着,但把握愈向前进时,综括却愈过愈困难,而不久就将达到它的最高点,即是审美地估量大的最饱和的尺度。因为如果把握过程已经走到那么远,即那构象力里起初在感觉直观里所把握的诸部分表象已经开始熄灭,由于这构象力向前把握着多量的表象:它在这一方面获得多少,就将在那一方面损失多少,在总括里将达到一个不能再逾越的量。

从这里我们可以解释沙法理(Savary)在他的埃及报告里所指出的:人们要想从金字塔的全面的大受到感动,不可走得太近,也不要离得太远。在后面这场合里被把握的各部分(相互积累的石块)只是模糊地被表象着,它们的表象对于主体的审美判断不产生影响了。但是在前面那场合里眼睛需要一些时间才能完成从基础到顶尖的把握,而当构象力尚未把握上面顶尖时,下层却又部分地消失掉了,全面的把握永远不能完成。但是这也足够解释人们第一步踏进圣彼得大教堂时所受到的震惊和一种惶惑,如人们所常述的。这里是一种感觉,感到自己的构象力不再能适合这大全体的观念,来把它表达出,构象力在这观念里达到它的顶点了,而在努力再把它扩张时就会回头沉落到自己里面,却因此陷进一种动人的愉快里。

现在我还不愿触到这种愉快的根源，这根源是连结着一个人们最不曾预期到的表象，它使我们觉察到这表象对于我们的判断力在估计量的大小中的不适应，因此也就是在主观方面不符合目的。我现在只是指出，如果审美判断是纯粹的（不和任何作为理性判断的目的性的判断混合着）并且在它上面给予我以一个完全符合审美判断力批判的模范，人们就应该把崇高（壮美）不是在艺术成品（如建筑，柱子等）里指出，在那里人类的目的规定着形式和大小，也不是在某某自然物，在这些自然物的概念里已经在自身带有一个规定的目的（如具有已被知悉的自然任务的动物等）而只是在粗糙的自然（并且在这里也只是当它自身没有魅力或由于实际危险的动人性）而仅仅是由于它具有着大。因为在这一类的表象里自然不含有所谓怪异（也不具含所谓华美或丑陋），这个被把握的大，无论它扩张到人们所愿意的多么远，只要它能够经由想象力概括成为一个整体。一个对象可称为过大（ungeheuer），如果由于它的大，已消灭了它自身的目的，而这目的是构成这对象的概念的。但是奇大（Kolossalich）却可称呼一个概念的表达，这概念几乎对于一切的表达都仍感太大，（邻近到那相对的过大）：因为由于这对象的直观对于我们的把握能力几乎太大了，这个概念表达的目的遇到困难。一个纯粹的对于崇高的判断都必须完全没有对象的目的作为规定的根基，假使这判断应成为审美的而不与任何一个悟性或理性判断相混合。

因为一切对于单纯反省判断力产生愉快而无利害感的对象，必须在它的表象里是主观性的，并且作为这个，它在自身带有普遍

有效的合目的性，尽管在这里并没有这个对象的形式的合目的性来提供批判的根据，那么，我们要问：什么是这个主观的合目的性？并且由于什么它（指主观合目的性）被立为标准，以便在大的估计里把一个根基给予普遍有效的愉快。而且这大的估计会被推高到我们的想象能力在表达一个大的概念中不能再相应的程度。

想象力在表象大所需要的综合里没有任何阻碍时向前进展，自然趋向无限，但是悟性却用数的概念引导着它，那想象力必须对此提供图式：并且在这个属于逻辑性的对大的估量的手续里固然有某些按照一个目的的概念客观的合目的性存在着（如每一测量就是），但并没有某些对于审美判断力愉快的和合目的性的东西。就是在这个有意图的合目的性里也没有任何物逼迫着推动那尺度的量，即总括许多东西于一个直观里达到想象力机能的边界，并且推到那样远，如它在表达里仅能企及的场合。因为在那对于数学的大的悟性的估计中人们只能走那么远，如人们在单位的总括推到数字 10（在十进法里），或推到数字 4（在四进法里）。这以后的量（大小）的创构却是在集合里，或假使量在直观里被给予着，在把握时只是级进地进行着。无论你是选择着下面这方法：想象力总括着一个量成为单位，使它能在一眼就被把握到，例如一尺或一竿，或那一方法：想象力对一德国里，以至一地球直径，固然能把握着，却不能总合在想象力的直观里，悟性在这种量的估计里正是同样得到满足。在两个场合里逻辑的量的估计无阻碍地进向无限。

但是现在心情向自己内里听取理性的声音，理性对于一切的被给予的大甚至于就是那些永远不能要求着全整体地被把握，却（在感性的表象里）作为全体被判定着的，也要总括在一个直观里，并且要求对于一个进展着生长着的数的系列能有表达，无限（空间和流逝的时间）也不在例外，甚至于不避免把这个（在普通的理性的判断里）认为是全整地（按照着它的全体）被给予着。

无限却根本上是（不仅在比较上）大的。和它相比，一切别的和它同类中的量都小了。但是，最主要的是，能够把它作为一个整体来思想，这就已表示着心意的一种机能，这机能超越了感官的一切尺度。因为这需要一种总括，这总括提供一个尺度作为单位，这尺度须对于无限具有一个规定的，在数字中来表示的关系：而这却是不可能的。为了能够思想那给予的无限而不至有矛盾，在人的心情里需要有一种机能，这机能是超越着感性的。因为只有通过这个机能和它的一个物的真体（noumenon）的观念，感性世界里的无限才能在纯粹理智的大的估计中在一个概念之下总合起来，尽管在数学的估计中通过数的概念是永不能被思维的。那物的真体的观念自身不能被直观，但仍是替世界观作为单纯现象，赋予着基础的。自身是一种机能，它能够思维那超感性的（在它的理性的根底里）直观的无限性，作为被给予了的。它超越了一切感性的尺度并且是大到超过一切数学估量的机能。固然不是在理论的目的里便利于认识机能，但仍然是作为心情的扩张。这心情感觉着自己能够在另一目的（实践的目的）里超越过感性的局限。

所以自然界是崇高的，在那些观象里，这些现象的直观在自身带着它们的无限性的观念。后者只能在下列情况下实现，这就是经过我们的想象力，在对于一个对象的大的估量中，极尽最大努力仍不能和它相应。但是在数学的对大的估计里，想象力是能适应每一对象的，以便为这估计赋予一个足够应用的尺度，因为悟性里的数的概念能够通过累进创造适应每一个被给予的大的尺度。所以在对于大的审美的估量里，——它从事综括的努力超越着想象力的功能来把累进着的把握过程升入一个直观的总体，这必须在审美的估量里被感觉到，并且同时觉察到这种无限的累进的能力对于对象不能相应，把握住一个悟性费最少的努力适应于大的估计的基本尺度，而用来从事于大的估计。但自然界的实际不变动的基本尺度就是它的绝对的全体，这就是它作为现象总括起来的无限。这个基本尺度却是在自身是一矛盾的概念(因为一个级进的绝对全体而没有终点是不可能的)：于是那自然对象的“大”——想象力在把它全部总括机能尽用在它上面而无结果——必然把自然概念引导到一个超感性的根基(作为自然和我们思维机能的基础)。这根基是超越一切感性尺度的大，因此它不仅使我们把这个对象，更多地是把那估计它时候的内心的情调评判为崇高。

所以，就像那审美的判断力在评定“美”时把想象力在它自由的活动中联系着悟性，以便和它(悟性)的一般概念(不规定着这些概念)相合致，它(审美的判断力)使这同一机能在评定一对象作为崇高时联系着理性，以便主观地和它(理性)的观念(不规定着何观念)相合致，这就是说产生出一种内心的情调，这情调符合着那一种情调并和它协调着，这就是一定的观念(实践的观念)对情绪发生影响时所产生出来的情调。

从这里人们也可以看出，真正的崇高只能在评判者的心情里寻找，不是在自然对象里。对于自然对象的评判引起了对于它的情调。谁会把杂乱无章的山岳群，它们的冰峰相互乱叠着，或阴惨的狂野的海洋唤作崇高呢？但是心情感到在它的欣赏里自己被提高了，当他在观照这些对象时不顾及它们的形式，而让自己放任着想象力和一种——虽然没有连结着一个固定目的——单是扩张着它们的理性，然而同时却又发见想象力的全部势力仍然不能应合它的诸观念。

自然界的数学的崇高的诸例子在单纯的观赏中，对我们提供了一切这些场合，在这场合里不是一个较大的数的概念而宁是一个大的单位作为尺度(为了缩短数的系列)赋予了想象力。我们按照人的高度估量的一棵树，固然可以对一个山提供估量的尺度，假使这个山有一公里高，它就能够用来做一个单位以表达地球直径的数字，使地球直径具体化。地球直径又可以用于我们知悉的行星体系，后者又可以用来估量星河体系。至于那类不可计量的星河体系，被称为星云群的，这星云群可能自身又构成一个这类的体系，使我们在此不能期望有止境。在审美地评赏这样一个不能测量的全体时这"崇高"不再是存于数量的大，而是存于我们愈向前进时就永远愈益碰到更大的单位。宇宙构造的系统区分提供了这一点，这使自然界的一切大物永远又显得渺小，实际上是表象我们的想象力在它的全部的无止境中，并且和它一起这大自然面对着理性的观念群时显得消失于无形，当它要想创造一个配得上这观念群的表达的时候。

第 27 节　评赏崇高中愉快的性质

我们感觉着我们的能力不能达到一个观念——这观念对于我们是规律——这个感觉就是崇敬。但是那观念，它总括每一个对我们可能给予的现象进入一全体的直观，这个观念就是这样一个观念，它是通过一理性的规律附加于我们的，这理性是除掉那绝对的全体外不承认任何别的规定着的，对任何人有效和不变的尺度的。但是我们的想象力却证明：即使用最大的努力，在它所企求的总括一个给予了的对象进入一直观的全体（亦即表达理性观念的，对于观念作为一规律的时），也表现出它（想象力）的界限和不合致性，但是同时又见到实现这合致性是它的使命。所以那对于自然界里的崇高的感觉就是对于自己本身的使命的崇敬，而经由某一种暗换赋予了一自然界的对象（把这对于主体里的人类观念的崇敬变换为对于客体），这样就像似把我们的认识机能里的理性使命对于感性里最大机能的优越性形象化地表达出来了。

所以崇高感是一种不愉快的感觉，由于想象力在对大的审美的估量中和那通过理性的估量不合致，然而在这里同时引起一种愉快感，正是由于下列评判：即最大的感性机能的不合致性正是和理性观念相应合。而这对于理性观念的企望和努力，对我们正是规律。这对我们就是（理性的）规律，并且属于我们的使命，一切在自然界里对我们作为大的对象，在和那理性的观念相比较时，将被估量为小。而这在我们心里所激起的超感性的使命的感觉，和那规律恰相应合着。但想象力在表达那估量大的单位时它的最大的企图是联系到某一绝对的大的东西，因此也就是对于理性的规律的一种关联；而单把这个承认作“大”的最高尺度。当我们的内心感觉着一切感性的尺度对于理性中的大的估量不合致时，这个内心里的（不合致的）感觉却正和理性的规律相应合，并且是一种不愉快，这不愉快是我们的超感性的使命的情感在我们内里激引起的。但按照着这超感性的使命发现感性界的每个尺度不适合理性里的观念，这却正是合目的，因此也就是愉快的。

心情在自然界的崇高的表象中感到自己受到激动；而在同样场合里对于“美”的审美判断中却是处于静观状态。这个激动（尤以在它开始时），能够和一种震撼相比拟；这就是这一对象对我们同时快速地交换着拒绝和吸引。那个对于想象力超绝的东西（想象力在把握直观时被驱至此）就好像是一深渊，想象力害怕自己迷失在它里面，但是它对于理性里关于超绝东西的观念却并不是超绝的，它导致想象力一种这样的企图是合规律的；因此它对单纯的感性在同等的分量里抗拒着又重新吸引着。那判断自身在这里却仍然是审美的，因为它仅是心情诸能力（想象力和理性）的主观活动通过它们的对立表象着和谐，而并无一个对于客体规定着的概念作为根基。因为像想象力和悟性在判定美里通过它们的一致性，想象力和理性却在此通过它们的对立性把心情诸能力的主观的合目的性引导出来。这就是一种下列情绪：感到我们有纯粹的，独立的理性，或具有一估量大的机能，这机能的优越性除掉通过下列的情况是不能使它明朗的：这就是通过那个机能的不足够性，这同一机能在（感性对象的）大的表达里，自身是没有限制的。

对一空间的测量（作为把握它）同时就是描述它，所以即是在想象里的客观运动和一个进展，但总括多样性以入于统一性——不是思想里的而是直观里的——即是把连续地被把握的纳入一个瞬间，这却是一个退回，这一个退回把想象力里的进展的时间条件重复扬弃而使那同时存在形象化。所以测量是想象力的一个主观的活动，由于这活动它对内心意识施行强制。那想象力所纳入一个直观里的“量”愈大，这测量施行的强制必然愈使人感觉到。所以那企图,将一个对于大量的尺度吸收进一个单一的直观里来——把握它是要求着可觉察的时间的——这是一种表象形式。它从主观方面来看,是不合目的的,客观方面对于大的估量却是需求的,因此也是合目的的;但在这场合,这同一的强制势力,这个对于主体通过想象力施行着的,对于**心灵的整个的规定**却将被判定为合目的性的。

崇高情绪的**质**是:一种不愉快感,基于对一对象的审美评定机能,这不愉快感在这里面却同时是作为合目的的被表象着:这是因此而可能的,即那自己的"无能"发现着这同一主体意识到它自身的无限制的机能,而我们心情只能通过前者来审美地评判后者(译者按:即通过**无能之感**发现着**自身的无限能力**)。

在逻辑的对大的估量中我们认识到,那种不可能性是客观的,即通过空间时间中感性世界诸物测量的进展以达到绝对的全体。这就是一种不可能性,把无限作为给予了的东西来**思维**,而不仅仅是作为主观的,这就是作为无能力去把握:因为这里全然不是涉及把总括于一个直观里的程度作为尺度,而是一切归结于一个数概念。但是在一个审美的对大的估量中数概念必须去掉或变掉,而只有想象力达到**把握**一个尺度单位对于它是合目的性的(因此避免那关于相继地产生量概念的一个规律的概念)。假使一个量(一个大)已经几乎达到我们的总括于一直观能力的最高点,而想象力仍被要求通过数字的大小(我们自己知觉我们对此的能力是无限止的),以达到审美地总括于较大的单位,这样我们在心情中就感到我们审美地是包围在局限之内了。但是这个不愉快感究竟将作为合目的性而被表象着,这就是基于想象力必须扩张以企适应我们理性机能里的无限，亦即绝对适应那绝对全体的概念，也就是想象力机能的不合目的性对于理性诸观念和它们的呼唤终于仍表象为合目的性的。正由于这样，审美判断自身对于理性作为诸观念的源泉——这就是说，一个这样的知性的总括，对于它一切审美的事物是渺小的了——将成为主观地合目的性的。于是对象将作为崇高而用愉快来欣赏着，这愉快却是由不愉快的媒介才可能的。

关于自然界的力学的崇高

第 28 节　作为势力的自然

关于自然作为一种势力，乃是一种对于诸种大的障碍优越的机能。它叫作一种威力，假使它对于那自身具有力量的抵抗也是优越的。自然，在审美的评赏里看作力，而对我们不具有威力，这就是力学的崇高。

假使自然应该被我们评判为崇高，那么，它就必须作为激起恐惧的对象被表象着。(虽然不是反过来每个激起恐惧的对象在我们审美的判断里被看作崇高)因为在没有概念的审美的判定里，这对于诸障碍的优越性只能按抵抗的大小来判定。但现在我们所努力抵抗的对象是一灾祸。如果我们见到我们的力量对它不相应，它就是一个恐惧的对象了。所以，当它被看作为恐惧的对象的时候，对于审美的判断力自然只能在这范围内作为力量，亦即值得称作力学的崇高。

但是人们能够把一对象看作可怕的，却不对它怕——这就是假使我们对它这样地判断着：我们仅是对自己设思这场合：我们愿意对它实行抵抗，而一切的抵抗都将是无效的。道德君子敬畏着上帝，而不对它害怕，因为反抗上帝和他的训条的想法这是他不必忧虑会有的事情。但是每个这样的场合他却承认是可怕的，这就是他设想这场合在自身并不是不可能有的。

谁害怕着，他就不能对自然的崇高下评判，就像谁被偏爱和食欲支配时，就同样不能对美下评判。前者避开向一个使他恐惧的对象眺望。对于一个叫人认真感到恐怖的东西，是不可能发生快感的。所以从一个重压里解放出来的轻松会是一种愉快。而这愉快，因为它是一个从危险的解脱，就会同时抱定主意，不再去冒那个险了啊，甚至于不顾再回想到它，更不必说再度去寻找机会了。

高耸而下垂威胁着人的断岩，天边层层堆叠的乌云里面挟着闪电与雷鸣，火山在狂暴肆虐之中，飓风带着它摧毁了的荒墟，无边无界的海洋，怒涛狂啸着，一个洪流的高瀑，诸如此类的景象，在和它们相较量时，我们对它们抵拒的能力显得太渺小了。但是假使发现我们自己却是在安全地带，那么，这景象越可怕，就越对我们有吸引力。我们称呼这些对象为崇高，因它们提高了我们的精神力量越过平常的尺度，而让我们在内心里发现另一种类的抵抗的能力，这赋予我们勇气来和自然界的全能威力的假象较量一下。

因为固然我们在自然界的不可度量性里，和在我们的能力不足以获得一个对它的领域作审美性的“大的”估量相适应的尺度中，发现我们的局限性、但是仍然在我们的理性能力里同时见到另一种非感性的尺度，这尺度把那无限自身作为单位来包括在它的下面，对于它，自然界中的一切是渺小的，因此在我们的心内发现一优越性超越那自身在不可度量中的自然界：所以它（自然在不可度量中）的威力之不可抵拒性虽然使我们作为自然物来看，认识到我们物理上的无力，但却同时发现一种能力，判定我们不屈属于它，并且有一种对自然的优越性，在这种优越性上面建立着另一种类的自我维护，这种自我维护是和那受着外面的自然界侵袭因而能陷入危险的自我维护是不同的。在这里人类在我们的人格里面不被降低，纵使人将失败在那强力之下。照这样，自然界在我们的审美判断里，不是在它引起我们恐怖的范围内被评为崇高，而是因为它在我们内心里唤起我们的力量（就这些角度来看我们固然是屈服在它们的下面的），对于我们和我们的人格仍然并不看作是下述这样的势力，即：当它牵涉到我们的最高原则，对这些最高原则维护或放弃的时候，我们将要屈服在它的下面。所以，自然界在这里称作崇高，只是因为它提升想象力达到表述那些场合，在那场合里心情能够使自己感觉到它的使命的自身的崇高性超越了自然。

这种自我推重并不因下列原因而有所损失，即我们必须看到我们是安全的，以便能感觉到这使人兴奋鼓舞的愉快，这就是不要因为危险不是认真的，我们精神机能的崇高性也同样好像不是认真的了。因为这个愉快在这里只是涉及在这个场合里所发现的我们和机能的使命在我们本质里具有着对此的禀赋，对于它的发挥和训练却是我们自己的事和任务。尽管人们，当他的反思达到此点的时候，意识着他当前的其实的无能，在这里面却是真理。

固然这个原理好像是拉得太远并牵强附会，故而对一审美的判断显得太过：但对于人的观察却证明它的反面，并能成为最通常的判断的根据，虽然人对于它不常常自觉到。因为什么才是甚至对于野蛮人成为一最大叹赏的对象呢？这就是一个人，他不震惊，不畏惧，不躲避危险，而同时带着充分的思考来有力地从事它的工作。就是在最文明、最进步的社会里仍然存在着这种对战士的崇敬，不过人们还要求他们同时表示具有和平时期的一切德行，即温和、同情心，以及相当照顾到他自己人格风貌，正因为在这上面见到它的心情在危险中的不屈不挠性。所以人们尽管对于政治家和将军相比较谁更值得尊敬这一点上争论很多，审美的判断却肯定后者。甚至于战争，假使它用秩序和尊敬公民权利的神圣性进行着，它在自身也就具有崇高性，而同时使那用这方式进行战争的人民的思想风度愈益崇高，当它冒的危险愈多而在这里面愈益勇敢地维护着自己时。因为与此相反，一个长时期的和平会使单纯的商务精神低级的自利主义，胆怯和软弱占上风，使人民的思想风度趋于卑下。

反对我这种对崇高概念的解释——在把它隶属于力的范围内——人们会争论道：我们能够设想上帝在狂风暴雨里、在地震里，是他在震怒发威，而这时候我们若设想我们的精神对于这些影响是超越的，甚至于超过这威力的意图，这才是狂妄，同时是冒犯。在这里似乎没有对我们自己本性的崇高感，而基本情调更多的是拜倒，是颓丧和完全无能的感觉，这个基本情调才配合这一对象的表现，并且通常在这些自然现象前是结合着对这对象的观念的。在宗教里面，一般地似乎拜倒，垂头祈祷，带着悔恨和恐怖的面貌表情是在上帝面前唯一合式的姿态，因此大多数的民族采取了它并且至今保持着它。但是这种心意情调却远远不曾和一个宗教的崇高的观念和它的对象自身必然地结合着。一个人，当他真实地畏惧着,因他在自身里见到畏惧的原因,他自知拿他的可耻的意图来抗拒一种力量,而这力量的意志是不可抵抗又同时将是公正的,这时他是不能处在一种情调状态里去惊叹上帝的壮伟,这需要一个能够静观的情致和完全自由的批评力。只有在那场合,他自觉到他的真诚的意图是合乎上帝的意思的,这时那自然威力的作用才在他内心唤醒对于那对方的本质的崇高性的观念,他认识到一种与这对方的意志相配合的意图的崇高性在他自己身内,由于这个他克服了对自然界威力的畏惧,而把这些威力不看作上帝发怒的表现。甚至于恭谦作为他的缺点的不留情的自我批判,这类缺点是很能在自觉良善意图中容易拿人的本性里的脆弱性来掩饰的,这恭谦是一崇高的情调,是自己有意地屈服于自我责备的痛苦之下,以便逐步逐步地消灭那原因。只在这个样式里宗教内在地区别自己于迷信,迷信不是对于崇高的敬畏,而是对于威力超越的对象的惧怕与恐怖,骇倒的人基于内心情调看到自己屈服于对方的意志之下,却不是对它作高尚的估价:由于这,自然只会产生谄媚求恩以代替一个善行生活的宗教。

所以崇高不存于自然界的任何物内,而是内在于我们的心里,当我们能够自觉到我们是超越着心内的自然和外面的自然——当它影响着我们时。一切在我们内心引起这类情感的(激动起我们的自然力量的威力属于这一类),因此唤作崇高(尽管不是在原本的意义里)。并且只是在那前提下,即那观念在我们内心和在对这观念的关联中,我们能够达到那对象的崇高性的观念,这就是:那对象不单是由于它在自然所表示的威力激动我们深心的崇敬,而且更多地是由于我们内部具有机能,无畏惧地去评判它,把我们的规定使命作为对它超越着来思维。

第 29 节　就情状来看对自然界的崇高的判断

美丽的自然有无数的事物，我们要求每个人同意我们对于它们的判断，并且我们期待着这种一致性而不常致于失错。但是关于自然里崇高的判断我们却不能期望那样容易获得一致。因为在这里，好像要求着的不仅是审美判断力，并且也是认识能力的大大的修养，这是基础，以便人们能够对于自然对象的这项优越性下一个判断。

心意对于崇高的情调要求着心意有一对于诸观念的感受性。因为在自然对于观念的不相应性里正是建立着那对于感性可怕的对象——自然对于观念的不相应性是以观念为前提以及想象力的紧张努力，想把自然作为一个图式来容纳观念。——这对象却同时又吸引着人：因为那是一种强力，理性把它施于感性，以便感性适应着它（理性）的本身的领域（即实践的领域）来扩大，并且让它眺望到那无限，这无限对于那感性是一无底深渊。事实上，若是没有道德诸观念的演进发展，那么，我们受过文化陶冶的人所称为崇高的对象，对于粗陋的人只显得可怖。他将在大自然在破坏中显示暴力的地方，在它的巨大规模的威力面前，他自己的力量消失于虚无时，他看到的将只是艰难、危险、困乏，包围着深陷在里面的人们。所以那好心肠的，此外却很懂事的沙福伊的农夫（如索热尔先生所记述的）毫不思虑地唤雪山的爱好者做傻子。谁能说他是完全没理的，假使那位观察者在这里冒危险，像大多数的旅行家常做的那样，只是由于爱好，或是为了将来能写一篇动人的描述。这一来他的目的，却是给予人们以教导，这教导里具有提高心灵的感觉，这正是这位好人在他的旅行里附带着给予他的读者们的。

但是对于大自然的崇高性的判断，虽然需要文化修养，（且超过对美的判断），却并不因此首先是由文化产生出来的和习俗性地导进社会的，而是它在人类的天性里有它的基础的。那就是对于（实践的）诸观念（即道德的诸观念）的情感是存在天赋里的。具有健康理性的人同时推断每人都禀具着，并且能对他要求着。

在这上面建立着赞同我们对崇高的审美判断的必然性，这种必然性是我们同时包含在这判断之内的。一个人对于我们认为美的自然事物淡漠，我们就怪他没有鉴赏力，这个人对于我所判为崇高的无动于衷，我们就说他没有情感。但这二者我们要求于每个人，并且，假使他有一些文化的话，我们就设定他是具有着这些的；只是有这么一个差别，即：因为在前者里面（译者按：即对美的判断）判断力把想象力只是联系到作为概念的机能的悟性上面的，于是向每个人都要求着（赞同），在后者的场合（译者按：即对崇高的判断）却因为在里面想象力是联系到作为观念的机能的理性上面的，只在下面一个主观性的前提之下要求着（赞同），这就是人类内里的道德情绪，但是这个我们相信有权设定于每个人。

由于这样，我们对于这项审美的判断（译者按：即崇高判断）也赋予必然性。在审美判断的这个“情状”里，——即在它要求着必然性的情状里，——对于判断力的批判存在着一个主要的契机。因为它正在这些审美判断上使一个先验原理显示出来，而把它们从经验心理学里提升起来，——在经验心理原是它们将埋葬于愉快与痛苦的诸情绪的下面，（只是带着一个无所说明的形容词：

精微的情感而已)——以便由于它们的媒介把判断力放置进以先验原理为基础的一类里去,而作为这一类又把它拖进先验哲学里去。

关于审美反省判断力的解说的总注

在和愉快感情的关系中,一个对象或是属于快适,或是属于美,或崇高,或善(绝对的)(jucundum,pulchrum,sublime,honestum)。

快适作为欲求的动机一般是属于同一种类的,不管它是从哪里来的和这个表象(客观地看来,是感官的或感觉的表象)是怎样相异的种别。因此在评判它对于心情的影响时只顾到那些刺激的量(同时的和相继的)并且有几分只顾到快适感觉的大小:而这个却只能让自己作为量来了解。它也没有教养作用,只是属于单纯的享乐而已。

美却与此相反,它要求着对象的某种一定质的表象,这质是能够被了解的和能被还原于概念的(即使在审美判断里并不引导到这上面去),并且由于它同时教人注意愉快情绪里的合目的性,因而也教养着人。

崇高只存在那个关系中,在那关系里感性的东西在自然的表象里被判定能够从事于可能的超感性的用途。

那绝对的善,主观方面,就它对情感发生的影响来评判(道德情感的对象)作为主体的诸能力的规定可能性通过一个绝对强制的规律的表象——它首先是通过一个基于先验的概念的必然性的情状来区别自己的,这必然性不但包含着要求每个人同意并且是命令,而它本身不是隶属于那对于审美的,而是对于纯粹智性的判断力。并且在一个不是单纯反省的,而是规定着的判断里它不是赋予自然,而宁是赋予自由。主体通过这个观念的规定可能性,并且这个主体也在感性上面遇到阻碍,同时却通过克服超越了他,能把这作为他的状况的变相来感觉,这就是道德的情绪,而这竟同审美的判断力和它的形式的诸条件在这范围内相近似,以至于它能够把那根据义务的行为之规律同时作为审美的,即作为崇高的或也作为美的来表象,而不损及它的纯洁性;但,假使人们要把它和快适的情感安放在自然的联系里去,那么,这就不会实现了。如果人们从以上对两种审美判断的解释引出结果,就会从那里得到以下的简短的说明:

美是那在单纯的(即不是依照悟性的一个概念以官能的感觉为媒介的)判定里令人愉快的。由此自身得出结论,即必须是没有一切的利害兴趣而令人愉快的。

壮美是那个通过它的对于官能的利益兴趣的反抗而令人愉快的。

这二者作为对审美的普遍有效性的判断的解释是归结于主观的根据,即:一方面是感性的根据,当它便利于悟性的静观时,另一方面与此相反,当这主观根据逆着这感性而协助实践理性的诸目的,但二者仍是结合于一个主体之内,在对道德情绪的关系中是合目的性的。美替我们准备着,对某一物,甚至于是自然界,爱好;壮美,(崇高)使我们在它反抗着我们的(感性的利害感时),崇敬它。

人们可以这样来描写崇高:它是(自然界的)一对象,它的表象规定着心意,认为自然是不能达到诸观念之表现的。

严格地讲，和逻辑地来考察，诸观念是不能表现出来的。但是如果我们为着直观自然界而扩张我们的经验性的表象能力（数学的或力学的），那么，理性就会不可避免地参加进来，它作为思维绝对总体的不受限制性的机能，而引起那心意的企图，（尽管是无效的）：使感官的表象去适合这个。（译者按：即适合这无限制的大全体）这个企图和那感觉——即感觉到通过想象力不能达到观念——自身是我们的心意里的主观地合目的性的表达，当我们为着心意的超感性的使命运用想象力并且迫使我们，主观地把自然自身在它的整体性里，作为某些“超越性的东西”的表现来思维，而不能做到使这个表现是客观性的。

因为我们不久就会觉到，在空间和时间里的自然界是全然没有那个“绝对无待的”，因而也就没有绝对的大，而这却是被最普通的理性所要求着的。正由此，我们被提醒，我们只是和一个作为现象的自然界有交涉，而这个自然界本身却只被视为一个自然自体（这是理性在观念里所具有着的）的单纯表现。但这个“超感性的东西”的观念，我们固然不能进一步去规定它，因此对自然界作为这观念的表达不能来识知，而只能去思维，它（这观念）将通过一个事物对象在我们内心里唤醒，对于这对象的审美的评价迫着想象力达到它的极限，或是通过扩张（数学的），或是通过对心意的威力，这想象力基于情绪的一个使命的感觉（道德情绪），完全超越过自然的领域。根据这观点，对象的表象被评价为主观地合目的性的。

事实上一个对大自然崇高的感觉是不能令人思维的，假使不是把它和心情的一种类似道德的情调相结合着。虽然对于自然的美的直接快感也是以某一种思想样式的自由性为前提和培育着的，这就是说这快感对官能享乐的是有独立性的，但通过这个更多地是自由在活动多过于在一合规律性的事务之下所表象着的：这却是人类道德的真正的特质，在这里理性必须对感性施加威力，只是在对崇高的审美判断中这个威力是表象为通过想象力自身，作为理性的一个工具，来发挥着的。

因此对于自然的崇高的愉快只是消极性的，（与此相反，对美的愉快却是积极性的）即一种通过想象力自身，夺去了想象力的自由的感觉，由于不是按照经验的使用法则，而是按照另一规律规定着的。通过这个，它（想象力）获得一种扩张和势力，这势力是大于它所牺牲掉的，这势力的根据是它自己所不识知的，代替着这个，它感觉着这牺牲或这剥夺，并且同时它自己所屈服着的原因。在观看高耸入云的山岳，无底的深渊，里面咆哮着激流，阴影深蔽着的，诱人忧郁冥思的荒原时，观看者被擒入一种状态，接近到受吓的惊呼，恐怖和神圣的战栗，却又知他自身是处在安全之中，不是真实的恐惧，只是一种企图，让我们用想象力达到那境界，以使感觉这同一个的机能的力量把那由此激起的心情的活动和心情的悠静结合在一起，以至于我们自己能对内在的和外在于我们的自然界超越，在它（自然）能影响我们的自觉幸福的范围以内因为依照着联想法则的想象力，那使我们的满意的状态是受着物理法则的支配；但正是它依照判断力的图式主义的诸原理（从而当它属于自由的支配的限度内）是理性和它的诸观念的工具。但是作为这个，它是一种势力，维持着我们对于自然诸影响的独立：把那按照前者是大的东西，作为小的来蔑视，并且这样把那绝对大的东西只在他

自己本身的(主观的)使命里来安置。审美判断力的这种反省,升高自己达到对于理性的适合性,(却没有一个关于理性的规定的概念),表象着那对象自身由于想象力在它的对于理性(作为诸观念的机能)的最大限度的扩张中的客观的不适合性——却作为了主观的——合目的性。

人们在这里一般地应该注意,如上面所已提醒的,即是在判断力的先验的美学中必须只谈到纯粹的审美诸判断,因此不应从那些自然界的优美及崇高的诸对象里吸取例证,而这些都是以一目的的概念为前提的。因为这样它将或是目的论的,或是自身只是根基于对一对象的感觉(愉快和痛苦)的,因而在第一场合里不是审美的,在第二场合里不单单是形式的合目的性的。如果人们称呼繁星满天的景象为崇高,那么,人们必须在评定它时,不是以诸世界的概念——这些世界被具有理性的东西居住着,我们眼睛所看见的在我们头上布满着空间的点点光亮的是作为那些世界的诸太阳在很合目的性地为它们安置的圈圈里运动着——作根据,而单是,如人所见,作为一广阔的包罗一切的穹窿;而且我们必须只在这个表象之下安放崇高,这是一个纯粹审美判断赋予这对象的。正是如此,我们观看海洋时,不是在用一些(非直接观照里所具有的)知识来丰富它的场合里去思维它,例如作为一个水族群居的广大的领域,作为大的水库以备蒸发,这些蒸发用云雾充塞空气以便丰饶陆地,或作为一种要素,它虽然使诸大陆隔离,却又使相互间的交通在它们里面成为可能:因为这只是一些目的论的判断。但人们必须把这海洋像诗人所做的那样,当他在静中观看时按照着眼前所显现的,看作一个清朗的水镜,仅只是被青天所界着;但是,

如果它动荡了，就会像一吞噬一切的深渊，这就能够发见它的崇高雄伟。同样，我们也能谈人的形体里的崇高和优美，只是我们的判断不是依据目的性的概念，寻问他的肢体各部是为了什么目的，(这就不是纯粹的审美判断了)在我们的审美判断里不包括他们是否符合目的的问题，虽然它们也要不违反那些目的，这也是审美愉快的一个必要的条件。审美的合目的性是判断力在它的自由中的合规律性。对于对象的愉快是系属于那个关系，在这关系里是我们活跃着想象力的：只是它在自由的活动里自己为自身维持着这心意。设若与此相反，另一某事物，例如官能的感觉或悟性的概念规定着判断，那么，在这场合它固然是合规律性的，但却不是自由的判断力的判断了。

若果我们谈到知性的美或壮美，那么，第一点，这些术语是不完全正确的，因为它们是审美的表象样式。假使我们仅仅是纯粹的知性者(或我们只是在思想里把我们看作是这种性质)，就会在我们的内心里根本碰不到它们。第二点，尽管两者(知性的美与壮美)作为一个知性的(道德性的)愉快的对象固然在以下范围内可以和审美的愉快结合着，即当它不是基于任何利害兴趣时，但它们在那里面究竟仍然很难同后者结合为一，因为它们应该激动起一种兴趣，这兴趣，如果那表达要和审美评赏里的愉快相适应，这兴趣在这里面除掉作为通过一感性的兴趣外是不能实现的。这感性的兴趣是人们把它结合在那表达里面的。但因此又损伤了知性的合目的性，使它混浊不纯了。

一个纯粹和无条件的知性愉快的对象是那“道德律在它的威势中”，这威势是它在我们内部对于心意的一切和每个在它前面先行的动机所施加的；并且因为这个威势在本质上只能通过牺牲使自己显示为审美的，（这就是一种掠夺，虽然是为了内在的自由，却又与此相反，在我们内心揭出这超感性的机能的不可窥探的深度和它的伸延到无限制的后果）：所以从审美方面来说，那愉快（在对感性的关系中）是消极性的，这就是说反抗着这利害感，但从知性方面来看，却是积极性的，并且和一种兴趣相结合着。由此得出结论：那知性的，在自身合目的性的（道德的）善，从审美角度来评判，必须表象为并不只是美，而更多的是崇高。因此它唤醒的是尊敬的情绪（这是轻视魅惑力的），更多过于爱与亲切的倾向。因为人的天性不是出乎自身，而是由于理性对感性所施的强迫来协应着"善"的。与此相反，我们在我们的外面或是也在我们内里（例如某些情操）所称呼为崇高的，只是表象为一种心意的力量，通过道德的原则克制了感性界的某些一定的阻碍，并且由此成为有趣味的。

对于后者我要再多谈一下。善的观念和情操结在一起唤作兴奋（Enthusiam），这个心意状态似乎崇高到这样的情况，以致人们认为：没有它，伟大的事业不能完成。但是每一情操在它的选择目的里是盲昧的[1]或是它虽是通过理性获得的，而在执行中是盲昧的；因为它是心意的那一运动，它使对原则的自由思考不可能，以便按照这些原则来规定。因此它不能在任何一种形式里值得理性

① 情操（Affect）是和癖性（Leidennchaften）在种别上相异。前者只关系到情感，后者是属于意欲能力，并是一切这样的倾向，它们使一切想通过诸原则来规定放肆的欲望发生困难或是不可能。前者是爆发的和无思虑的，后者是持续的和考虑过的：所以不快意作为愤怒是一情操，但是作为恨（仇恨）是一癖性了。后者永不能够以及在任何关系中被称作崇高。因为在情操里任何的自由固然被阻滞了，而在癖性里却是被取消掉了。——原注

的愉快。就审美观点上来说“兴奋”是崇高的，因它是通过观念来奋发力量的。这给予心意以一种高扬，这种高扬是比较那个经由感性表象的推动是大大地增强了和更加持久。但是（这好像很奇怪）一个心意强调坚持它的原则时所表现的“漠然无情”也是崇高的，并且是在更加很优越的形式里。因为它同时具有纯粹理性的愉快。只有这样一种心意状态叫作高贵：（这个名词以后也应用到别的事物上去，例如屋宇、衣服、书法、身体态度等等）。如果这些事物不但引起惊异（超过了预期的新奇事物表象所引起的情操）并且引起惊赞（这是一种惊异，在新奇感消失后仍然存在着）。这一现象的出现，是当观念在它们的表达里无意地和无技巧地和审美的愉快相协应着。

每一属于敢作敢为性质的情操（即是激起我们的力量的意识，克服着每一障碍）是审美上的崇高，例如愤怒，甚至于如绝望（例如愤懑的，而不是失去信心的绝望）。但属于软弱的，溶解的那一类的情操（这情操使反抗的努力自身成为不快的对象，）本身是没有任何的高贵，却能够算进心情态式的美里面去。因此那些能够强烈到成为情操的诸种感动也是很不相同的。人们有勇敢的，也有温柔的感动。后者，当他高升到情操时，是完全无用的；这一类的倾向唤作伤感的态度。一种对人同情的痛苦，它不愿意自己让人安慰，或者这痛苦是系于架空想象的不幸，以至于由空想达成错觉，仿佛成了真实的，如果我们让这样架空的痛苦来在我们心里，这就证明了和造成了一个温柔的，但同时是软弱的灵魂，这灵魂揭示着一个美的灵魂，这固然能称作空想的，却甚至于不能一次称作热情的。某些小说，哭哭啼啼的戏曲，肤浅的道德教条，它们玩弄着(但似是而非的)所谓高贵的意念,实际上使人心萎弱不振,对于严格的义务教条又失去感觉,使人对我们人格里人类庄严的一切尊敬,和人类的权利(这是和他们的幸福完全不同的东西),根本上一切坚固的诸原则,失去能力。又如一个宗教的说教,它宣传匍匐在地,卑鄙地求恩宠和胁肩谄媚,放弃一切对自己能力的信心,以对抗我们内部的罪恶;代替雄壮的决心,来动员我们内部在一切的脆弱中仍然残留的诸力量,以期克服各倾向。假的谦虚,它在自我蔑视里伪善的啜泣的后悔里和一个只是忍苦的心情悲态里,安置那一样式,即人们怎样才能使那**最高存在**满意!种种这些,是很难和属于美的事物相共处的,更谈不上和那能够列入心意状态的崇高性了。

但即使是那些强烈的诸心情感动,它们或是在教化的名义下和宗教的诸观念,或是作为只是属于文化而和包含一个社会利益的诸观念相结合着,即使它们扩张着想象力,也绝对不能够要求那个荣誉,说它是崇高性的表达,如果它们不留下一心意的情调,这心意的情调,虽然是间接地,却具有着对于那意识的影响,这意识就是那自觉到纯粹知性的合目的性在其自身所带有的——超感性的——东西的强度和决心的意识。因为一般地讲来,一切这类诸感动只是属于人们由于健康的原因而喜爱的运动。随着情绪活动的震荡后而来的舒适的疲倦,即是从我们内部一切生活精力重新恢复了平衡所产生的健康感的享受。归根结底,这种享乐是和那东方诸国的享乐家通过按摩他的身体,温和地压迫和屈折他的肌肉和关节所得的享受一样。只是在前者那动的原理大部分在我自身之内,而后者却与此相反,完全是从外面来的。所以有一些人自以为通过听一次布道就树立了自己，其实这里面却丝毫没有什么东西(没有任何善的格律的体系)建立起来，或者以为通过看一个悲剧改善了，其实他只是对于幸运地驱散了寂寞无聊而高兴。所以崇高必须和思想的样式关联着，这就是和诸格律关联着，以便赋予知性和理性诸观念以对于感性优胜的势力。

人们不必忧虑，对崇高的情绪会由于这一类的对感性完全消极性抽剥的表现方式会遭到减损；因为想象，尽管它在超越了感性的境地上见不到什么它能安顿自己的东西，却正是通过这些局限的祛除感到自己的无限制：并且那一游离孤独正是表现无限，这无限的表现固然因此除作为单纯消极的表现以外，不能有别的，它却仍然扩张了心灵。在犹太人的法典(出埃及记)里恐怕没有别处比下面的命令更为崇高的："不可为自己雕刻偶像，也不可作什么形象来比拟上天，下地和地底下，水中的百物！"只有这个命令可以理解犹太民族在他的文明旺盛时期，当它把自己和别的民族相比较时，对它的宗教所感的热情，或穆罕默德教里注入自心内的那自尊心。同样，这情况也见于道德法则的表象和我们内心对于道德性的禀赋。那是一完全迷妄的忧虑，假使人们以为把道德性里的一切能赋予感性的东西全部消除掉，这道德性就会只是冷酷的，无生气的赞许，并且在自身不能伴有鼓动力或感动。恰正与此相反，因为，在那里，当诸感官在自己面前不再见到任何物时，而那不可错认的和不可磨灭的道德的观念却仍然留剩下来，这时却更加需要把那无限制的想象力的高扬加以抑制，不让它昂进到激情，这种需要更胜过由于害怕这些诸观念的无力便替它们在形象和幼稚的道具里找帮助。所以许多政府也乐于允许宗教尽量备这一类附属

品，用此试图夺去下属把他的精神力扩张到超出界限的努力和能力。这些界限是人任意地设定的，并且通过这个，人们能够对于他，作为被动的，容易对付了。

道德性的纯洁的、高扬心灵的，单纯消极的表现与此相反，不带来何等狂谵幻想的危险，这狂谵幻想是一种迷妄，想超越感性的一切界限去看，这就是，依照诸原则去做梦（用理性来妄诞放肆）；正是因为在它那里那个表现仅是消极的；因自由观念的不可究性割断了一切积极表现的道路：但在我们内心里的道德律是在它自身充足的，并且自本源地规定着，以至于绝不允许我们向它以外去找一个规定原理。如果热情能和迷妄，那么妄诞幻想就能和痴呆相比拟，后者（痴呆）是在一切东西里最不能和崇高相容的，为什么？因为它是穿凿可笑的。在作为情操的热情里想象力是无控制的。在作为妄诞的幻想里根深蒂固的偏执的癖性是无规则的。前者是一时的偶然，最健康的知性也会遇到。后者却是一个毁灭他的疾病。

朴素单纯，（无艺术的合目的性）就是自然界在崇高中的，也就是道德性在崇高中的样式，这道德性正是第二个（超感性的）自然，从它我们只知道那些诸规律，而不能通过直观来达到那在我们自己内心里的超感性的机能，这机能是含蕴着这立法的根据的。

还要指出的是，对美的和对崇高的愉快不仅是由于普遍的可传达性从其他的审美性的诸判断中辨别出来，而且由于这社会性的本质（在社会里它能被传达）获得一兴趣，尽管从一切社会脱离能被视作某种崇高，如果这脱离是基于超越一切感官利益以上的诸观念的，自己满足，即不需求社会，而非不喜社交，逃避社会，这是接近于崇高的，就像那对一切欲求的超脱。与此相反，由于厌世，仇恨人类而逃避人类，或是因为他把人类当作他的仇敌来畏惧，而对人羞怯胆小，一部分是丑恶，一部分是可鄙。尽管这样，仍有一样（所谓非本质地的）厌世，在许多好心肠的人的禀赋里具有这倾向，和年龄俱深，他对人类的善意仍然是充分仁慈的，但由于长期的痛苦经验已经使他对人类的喜悦心大大丧失了。因此倾向于孤独避世，空想的愿望寄托于一个冷静的乡居，或者（在年青的人们）梦想的幸福寄托于一个世人不知的孤岛，想在那里和他的小家庭共度一生。鲁滨逊式小说的作家和诗人正是那样善于利用这种人们心理的，这给我们提供了证据。在我们自己认为重要和伟大的目标的进行中间，人们相互给予一切能够想到的苦恼，是和那个观念：即他们能够是，假使他们意愿的话，正相矛盾，并且对那热烈的愿望，希望见到他们改善，那样地相反，因而，为了不恨他们——人是不能爱他们的——放弃一切社交的快乐，好像还是自己的一个小小的牺牲呢。这种不是对于命运所加于别人的不幸的悲哀（在这场合同情是原因），而是对于人们相互制造不幸（在这场合悲哀是根基于在原则意义里的反感），这悲哀是崇高的，因为它是根基于诸观念的，而前者（译者按：即基于同情对于别人不幸而悲哀）却只能看作是美的。上面所说的既有才气又富于学识的索热尔（Saussure）在他的阿尔卑斯山旅行记里谈到沙福伊的山峰，“好人峰”，他说道：“在那里统治着某种无趣味的悲哀。”那么，他竟是认识到一种有趣味的悲哀了。荒寒寂寥的境界给予人们这种悲哀，人们能够设想自己身入此境，以便从此对世界不闻不问，这境界必须不是那样不可居，对人们只供应一个非常艰辛的活动场

所。——我指出这一点，用意在于提醒：悲痛之情（不是气力沮丧的悲哀）也能列入勇敢的情绪，如果它是在道德观念里具有它的根据，如果它是植基于同情心，并且在这场合也表现可爱，那它就是单隶属于融解着的情绪，指出这一点为了使人注意：只有在前一场合的情调才是崇高的。

用现在已经阐述了的，关于审美判断的先验的解释，也可以和柏克（Burke）和我们中间许多思想敏锐的人士所作的生理学的解释作一比较了，看看对崇高和美的单纯的经验的解释将导向何处。[①] 柏克，[②]在这一类的处理方法里也值得被看作最优越的作者，他在这方向里作出如下的论断："崇高的情绪植根于自我保存的冲动和基于恐怖，这就是一种痛苦，这痛苦，因为它不致达到肉体部分的摧毁，就产生出一些活动，能够激起舒适的感觉，因它们从较细致的或较粗糙的脉络里净除了危险的和阻塞的涩滞物，固然不是产生了快乐，而是一种舒适的战栗，一种和恐惧混合着的安心"。（原著第223页）美，他认为它是基于爱，（他要把爱和嗜欲分别开来）他把它归结到"身体诸纤维的软弱，弛缓和萎缩，也就是在快乐面前的一种柔化、融解、疲惫、一种消沉、衰减、虚脱。"（原著第251—252页）他继而证实这种解释方式不仅是通过那些场合，在这里面想象力在和知性，并且甚至于和官能感觉的结合中能够在

① 依照他的著作：《关于我们的美和崇高的概念之起源的研究》德译本。里加·哈蒂罗黑出版，1773年。——原注

② Edmund Burke（1729—1797）英国政治家及经济学者，他的美学著作对康德、莱兴、赫尔德都发生过影响，得到他们的注意和谈论。——译注

我们心里激起对美和对崇高的情绪。这种对心意诸现象的分析作为心理学的记述是非常美好的，并且对于经验的人类学的人们最喜爱的探究提供丰富的资料。不可否认，我们内心里的一切表象，不论它们是否客观上只是感性的，或完全理性的，在主观上是能够和快乐或痛苦结合在一起的，无论这二者将是怎样地不能觉察。(因为它们刺激着生活的情绪，并且它们中间任何一个，当它作为主体内的变态时，不能是漠然无感的)；甚至于像伊壁鸠鲁派所主张的，快乐和痛苦最后总归是身体的，尽管它们可能是从想象，或竟然是从悟性的表象开始的：因为生活而不具有身体器官的感觉，那只是他自己的存在的意识，而不是舒适或不快的感觉，这就是促进或阻滞生活力的。因为心意单纯在它自身仅只是生活(生活原理自己)。而阻滞或促进必须在它自身以外又仍在人以内，这就是在和它身体的结合里去寻找。

如果人们把那对于对象的愉快完全只安放在以下这场合，即对象只是通过刺激或通过感动使我们快乐，那么，人们就不能期待别人对我们作下的审美判断同意。因为关于这点，每个人有理由只问问他私自的感觉。但在这场合一切关于鉴赏的检察都停止了。除非把别人由于他们的判断的偶然的吻合的范例，对我们作成赞许的规范。我们都很可能反对这原则而依靠着自然的权利，把那基于直接感情的判断服从着自身的而不是别人的感觉。

所以，如果那鉴赏判断不能被看作是个人私自的，而必然看作是多数人的，按照着它的内在性质，这就是由于自身，不是为了给予别人的鉴赏做标本，如果人们这样地评定它，它可以要求每个人必须对他同意：那么，对这鉴赏判断必须有任何一(无论是客观性的或主观性的)先验原理作根基,人们通过探索心意变化的经验的规律是达不到这先验原理的:因为这些经验规律,只使人们认识如何判断,而不下命令,“应该怎样判断”,而且这命令是绝对的,同样,这命令并且以那种鉴赏判断为前提,即那愉快须直接地和一个表象相结合着。所以审美判断之经验的解释常常可以作为开始,把材料收集起来供给一个较高级的考察。这能力的先验的探讨仍然是可能的,并且是本质地属于鉴赏的批判。因为鉴赏若没有先验的原理,它就不可能评判别人的诸批判,并且对它们也只能是好像具有某些的权利来下赞否的判决。剩下的属于审美判断力方面的分析首先包含着以下的部分:

纯粹审美判断的演绎

第30节　对于自然界里诸对象的审美判断的演绎不应指向着我们在它里面所称为崇高的东西,而应该只是指向着那美的

一个审美判断对于每个主体关于普遍有效性的要求作为一个基于任何一先验原理的上面的判断,需要一个演绎(这就是审定它的要求的权利),这个演绎必须加入对于它的解说里面去,如果这是涉及对于一个客体的形式方面的愉快或不快。对于自然界的美的鉴赏判断也是这样。因为那合目的性究竟是在客体和它的形体里面有它的根据的,虽然这合目的性不标示这客体按照着概念(成为认识判断)对于别的对象的关系,而仅是涉及对它的形式的把

握，当这形式在我们心意里表示着既适合着概念机能，也适合着对于它的表现（这就是和对它的把握是一事）的机能的时候。所以人们对于自然界里的美也可以提出一些问题，问问它的诸形式的合目的性的根源是什么？例如，人们怎样解释大自然为什么这样豪奢地处处散布着美，甚至于在大海洋的底层，人眼很少达到的地方等等。（美只是对于人的眼睛才是合目的性呀！）

就是那自然界里的崇高美——当我们对他下一个审美判断时，这判断不和作为客观合目的性的完美性的概念相混合——在这场合里它将会成为一个目的论的判断了——这自然界里崇高美可能看作没有形式，不成形体，却仍然被看作一个纯洁的愉快的对象，而且表示着那对我们给予的表象具主观合目的性。现在的问题是，对于这一类的审美判断，除掉解脱了我们在它里面所思想的东西以外，能不能再对于它的普遍有效性的权利要求一个基于一（主观的）先验原理之上的演绎。

对于这一层我们的回答是：自然界里的崇高美只是非本质地的这样被称呼着，实际上只能把它归属于思想样式，或更妥当些，把它归于人类天性里的思想样式的根基里去。自觉到这一点，那么，对于一个无形式的和不合目的性的对象的把握仅仅是提供了动机，使这对象只是在这个方式里用作主观合目的性的，不是作为一在自身如此的对象，而只是依照它的形式来评定的。（gleichsam species finalis accepta，non data 这就是只当作合目的性来受用，而不是事实）因此我们对自然界崇高美的解说同时也就是对它的演绎了。因为，如果我们分解它们（指解说）里面的判断力里的反省，那么，我就见到在它们里面一个认识诸机能的合目的性的关系。

这关系必须作为(意志的)目的诸能力先验的基础,并且因此自身是先验的:这样它就立刻包含着这演绎,这就是解明了一个这一类的判断对于普遍必然有效性的要求是合法的。

我们现在来寻找鉴赏判断的演绎,这就是对于自然界事物的美的判断的演绎,我们这样就对全部审美判断力的全面任务给予一个满足。

第31节　关于鉴赏判断的演绎的方法

一种判断,当它提出了必然性的要求时,这时演绎的任务就出现了,这就是要证明它这要求的合法性来。如果它要求的是主观普遍性,这就是说要求每个人的同意,那么,同样这场合也出现:但后者却不是认识判断,而只是对于一个被给予的对象的愉快感或不快感,也即是要求着一种一般地对于每个人有效的主观的合目的性。而这个主观合目的性不应是基于对这事物的**概念**,因为这里是一鉴赏判断呀!

在这一场合我们需要不是有一个认识的判断,既不是理论的判断,这是以通过悟性被赋予的自然一般的概念的基础的——也不是一(纯粹的)实践的判断——这是以通过理性作为先验地被赋予了的自由的观念作基础的——所以既不是表象一个事物的判断,也不是为了把这事物产生出来,我要去做一些工作,按照它的先验的有效性去辨明的:于是,一个**单个**的判断的**普遍有效性**,它只是表达出一个对象的**形式**的经验的表象之主观合目的性。把它对判断力一般来证明,解说这是如何可能的,即某一事物它单在评判里(没有感官感觉或概念)即能够令人愉快,并且,就好像一般认

识判定一个对象时具有普遍的法则一样，个人的愉快对于其他各个人也能够宣称作为法则。这是如何可能的？

现在如果这个普遍有效性不是根据投票表决和向别人周遍询问他们是怎样感觉的，而是好像基于一个对于愉快感觉评判着的主体的自主权，这就是，基于他的自己的鉴赏力，但是又不应当是从概念中引申出来的；那么，一个这样的判断，——像鉴赏判断确是这样的判断——是具有双重的，并且是逻辑的特性：即是这先验的普遍有效性，却不是按照着第一，诸概念的逻辑的普遍性，而是一个单个判断的普遍性；第二，这里是一个必然性（这是任何时必须基于先验的理由的），但它却不是系于任何一先验论证的根据通过这些根据的表象来逼迫出这鉴赏判断所推断于每个人的赞同。

解释这鉴赏判断把它自己和一切认识判断区分出来的诸逻辑特异性就将能够达到这奇特机能的演绎，如果我们在此地开始时从它的一切内容，即愉快的感觉消除掉，而只是把那审美上的形式和逻辑所规定的客观诸判断的形式相比较。所以我们要把鉴赏的这些特异的诸性质通过一些例证来说明它们。

第 32 节　鉴赏判断的第一特性

鉴赏判断规定的对象，在关涉到（作为美的）愉快中要求着每一个人的同意，好像那是客观地一样。

说：这花是美的，就等于说这么多，把她自身对每个人提出愉快的要求重复说一遍。对于她的香味的舒适，她却完全不提出这类要求。对这个人适意的香味，另一人会感到头晕。从这里面人们只能推想，美应该看作花自身的一个特性，不是依照着不同的头脑和那么多的感官，而是后者必须向着她看，如果他们要想评定她的话。但事实仍不是这样的。因为鉴赏判断正是建立在那里面，即它只是按照那一性质称呼一事物是美的，在这性质里这事物依照着我们吸取它的方式来呈现自己的。

此外我们要求于每个要证明主体的鉴赏力的判断的，就是主体在自己的判断里不需要到别人的判断里去摸索经验，去求教于他们的对于那同一对象的愉快或不快感，所以他的判断不应该作为模仿，依据着一个物件实际上普遍地令人满意的而是先验地说出来的。但是人们应当想，一个先验的判断必须包含一个来自对象的概念，这概念包含着关于对它认识的原理。而鉴赏判断却绝不基础于概念，并且处处不是认识工作而仅是一个审美的判断。

所以一个年青的诗人不肯让公众的，也不让他的朋友们的判断，说他的诗美，来动摇他。假使他听从他们，那就不是因他现在另行评判了，而原因是在于他，纵使全部公众是具有着错误的鉴赏（至少在他的意见里），自己仍然愿去适应庸俗的妄见（甚至于违反着他的评判），以追求人们的赞赏。只有到后来，如果他的判断力由于训练更加锐敏了，他就自愿地放弃他以前的判断，像他完全根据于理性来掌握他的诸判断一样。鉴赏只对于自主性提出要求。把别人的判断来作自己判断的规定根据，这将是他主性了。

至于人们有理由赞美古代的作品推为模范，称呼它们的诸作家为典范，好像是作家里面某一种贵族，这个贵族通过他的行动给予人民以规律：好像指示出鉴赏的源泉是出自经验的，而驳斥着它在每个主体里的自主权的说法。若果这样，人们也将同样可以说：古代的数学家，——他们是直到现在我们被视为综合方法具最高严密性和优美的不可缺的模范——也是证明了我们方面一种模仿的理性和这理性没有能力从自己内部用极大的直觉力通过概念的构成产生出严格的证明来。假使每个主体完全从他那自然素质的粗糙的根底开始，那么，就会完全没有对他的力量的运用，无论这是怎样地自由，甚至于对我们的理性（这理性，它的一切判断是从先验的共同源泉汲取来的），不陷入错误的诸试验里去，假使没有别人用他的试验走在他的前面，这并不是使后来继承者只成为他的模仿者，而是通过他自己的行动历程把别人带上路，以便他们能在自己内部找寻原理，并且这样找着他们自己的，常常是更好的道路。就是在宗教里面，在那里面每个人确是必须把他的行动的法则从他自己内部来获取，因为他对于这层将由自己负责，不能把他的过错的责任推诿到别人作为他的老师或先验者的身上去，他却又是永远不能够通过一般的训示格言——这些训示格言或是从教士们，或哲学家们，或者也是从自己内部汲取来的——这样多地装备起来，像通过历史里树立起来的一个道德的或圣行的模范那样，而这模范并不使那从自己的和原始的先验的道德的观念置于无用，或把这些变成一种模仿的机械主义。一个示范者对于别人能够具有的一切影响，它的成就的最确当的称呼应是"继承 Nachfolgen"，即对于一个行动的继承，而不是模仿。这称呼的意义就等于说：从那同一的源泉里来汲取，像那先进者自己所以汲取的，并且只学习先进者在汲取时是怎样做的。但是在一切机能和才能之中正是鉴赏最需要范例，即那些在文化的进展中获得赞扬最久的，免得不久又成为粗糙的，落回到那些初试验时的粗野状态。因为鉴赏的能力是不能由概念和训示来规定的。

第 33 节 鉴赏判断的第二个特性

鉴赏判断是完全不能通过论证根据来规定的，好像它只是主观的东西那样。

如果某人见不到一个建筑的、一个眺望的、一首诗的美，他内心里就不让千百口对它们的赞赏来勉强地应承。他固然可以假装满意，免得被人看作没有鉴赏力。他甚至于开始怀疑，他对他的鉴赏力是否已由于足够多的某一类对象的认识充分培养好了。（就像一个人在远距离中自以为认出了远处某些东西是一片森林，而别人却都说是一个城市，他就对自己的眼力怀疑了）。但这个他究竟看得很清楚：别人的赞赏对于美的评定绝不就提供了有效的证明。固然别人能够替他看和观察，如果许多人同样地看到，仍然是可以对他作为足够的证明来服务于理论的，即逻辑的根据，假使他以为他自己看到的是两样的话。但是使别人愉快的，却永不能就拿来作为一个审美判断的论据。对我们不利的别人的判断，固然有理由使我们对我们自己的引起考虑，却永不能就说出我们的不正确来。所以并不存在一个经验性的论证根据，能强制着别人的鉴赏判断。

第二点，更不能有一个依据着规定的法则的先验的证明来规定关于美的判断。如果某人对我宣读他的诗，或把我引进一个终于不符合我的趣味的戏剧。那么，尽管他引证巴托(Batteux)或莱辛，或更早些，更有名些的鉴赏的批评家和从他们设立的一切规律，来证明他的诗的美，或证明某些令我不愉快之点是和美的法则(像在那里所给予的并且普遍被肯定的)很协合着；我会把我们的耳朵闭塞起，不听取任何理由和说教，并宁愿假定那些批评家的规律是错误的，或至少这里不是运用它们的场合。我宁不让我的判断由先验的论证根据来规定，因为这里应是鉴赏判断而不是悟性的或理性的判断。

这似乎正是人们为什么把这审美评判的能力恰恰命名为鉴赏的主要原因之一吧。因为人们可以在我面前把一盘菜的成分一一数说给我听，并且指出每一成分对我是适口的，而且又有理由称赞这食品的卫生，我将不听信这一些理由，却用舌和上颚去亲自尝尝，然后依据这个来下我的评判（不是依据一切的原理），事实上鉴赏判断永远总是作为一个对于对象的单独判断来下的。

悟性可以由于把这对象在它的赏心悦目这一点上和别人的判断相比较而下一普遍的判断，例如：一切郁金香是美的，但这样一来，却不是鉴赏判断，而是一逻辑判断了。这逻辑判断把一个对象对于鉴赏的关系作成了某一类事物的宾词了。

而那个判断，我由于它见到一个单个的郁金香是美的，也就是说，我见到我对于它的欣赏是普遍有效的，这里才是鉴赏判断。这鉴赏判断的诸特征建立在下面，即：虽然它仅仅是具有主观有效性的，却仍然对一切的主体有权提出那样的要求，这项要求的提出，是只能在下列情况常常实现的，即设定那是一个客观的判断，它基础于认识的根据而且能够通过证明来迫使人承认的。

第34节 鉴赏的一个客观原理是不可能的

人们所了解鉴赏的原理是这样一个原理，在它的条件下人们能够把一对象的观念包摄进去，然后导出一个推论，说它是美的。

但这却是不可能的。因为我必须直接地在对象的表象上感觉到愉快，这是没有任何的论证能够对我游说的。像休谟所说的，纵使批评家好像比厨师们更能推理，却和他们具有同样的遭遇。他们的判断的规定根据不能期待于论证的力量，而仅能期待于主体对于他自己的状态（快适或不快适）的反思，排斥一切规定和规则。

至于批评家为了达到修正和扩大我们的诸鉴赏判断仍然能够和应该做的推理工作，这就不是在一普遍可用的公式里陈述出这类审美判断的规定根据，这是不可能的。而是要对于认识能力和它在这种判断里的任务作出探讨和把相互的主观合目的性，如前面所指出的，即它的形式在一给予的表象里，即是这表象的对象的美，在一些举例中来加以分解。所以鉴赏的批判（分析）自身只是主观地涉及那表象，由于这个表象，一个对象给予了我们，即：它是这艺术或科学，在一给予了的表象里把悟性和想象力的相互的关系（无有对先行的感觉或概念的关系），这就是把它们的合致或不合致纳入诸法则，并且就它们的诸条件来加以规定。它是艺术，如果它把这个只在例证里指出来；它是科学，如果它把一个这样的评定从这作为一般认识机能的天性里引申出来。我们在这里处处所从事的只是这后者，作为先验的批判。这先验的批判应当把鉴赏的原理，作为判断力的一个先验原理来展开和证实。批判作为技术仅是寻找生理学的（此地心理学的）亦即经验的法则，鉴赏实际上按照这些法则来进行（而不去思考它们的可能性），运用到对于它的对象的评判上去而评定着美术的诸产品；而前者（按指先验的批判）却是从事于评判它们的机能自身。

第 35 节　鉴赏原理是判断力一般的主观的原理

鉴赏判断在下列一点上和逻辑区分着；逻辑判断把一个表象包摄到对象的概念之下，鉴赏判断却绝不这样，因为，若是这样，那个必然性的普遍的赞同将能由于论证来强迫执行了。但是它（指鉴赏判断）只在一点上和逻辑判断相似，即它也表示着普遍性和必然性，却不是依照着对象的诸概念，因此仅是一种主观的普遍性和必然性。但构成一个判断里的内容是诸概念（即隶属于认识对象的），而鉴赏判断是不能由诸概念来规定的，所以它只是筑基于一个判断一般的主观的形式的条件。一切判断的主观的条件是从事判断的机能本身，或判断力。这判断力在运用一个对象所由给予我们的表象里，要求着两种表象力的协洽。即想象力的（为了直观和直观里多样性的组合）和悟性的（为了作为这个组合的统一性的表象）。现在因为这里没有对象的概念作为这判断依据，那么，它只能建立于想象力自身在一个表象那里，通过它，一对象被给予着，包摄到那悟性一般从直观达到概念的条件之下。由于想象在这里没有概念而型式化着，因而在这里建立着它的自由；于是鉴赏判断必须基础于一个感觉，在这感觉里想象力在它的自由里和悟性在它的规律性里相互激荡着。这就是基于一种情绪，这情绪使那对象按照着表象的合目的性——由于这表象，一个对象被给予着——对于诸认识机能在它们的自由活动里所给予的鼓动来评定。鉴赏判断作为主观的判断力具含一种包摄原则，但却不是诸直观摄于概念之下，而是诸直观的机能或（想象力的）表述摄在概念的机能（即悟性）之下，并且是在前者（按即直观的机能）在它的

自由里对于后者（按即概念的机能）在它的规律性里相协调的范围内。

现在为了通过一个鉴赏判断的演绎来找出这合法根据，只有把这类判断的形式的诸特征——即只在它们身上考察其逻辑形式用来作我们的导引线索。

第 36 节　关于鉴赏诸判断的一个演绎的任务

和对于一对象的觉知一起，对于一个客体一般的概念——从这概念那个觉知具含着诸经验的宾词——能够直接结合成为一认识判断，并且经由这个产生出一经验判断。但直观里的多样性的综合统一的诸先验概念，以便把它（按即经验判断）作为一客体的规定来思索的，却是那经验判断的基础。而这些概念、范畴，要求着一个演绎，这演绎工作曾在纯粹理性批判里做过了，通过它，下列任务的解决也能完成了，这就是：先验的综合的认识判断是如何可能的？这个任务是关涉着纯粹悟性和它的理论判断的先验诸原理的。

但是和一个觉知直接在一起也可以是一快乐（或不快）的情绪及满意结合着，这满意是伴随着客体的表象而对它当作宾词来服务的，这里就跳出一个审美判断而不是认识判断了。对于这样一个判断，如果它不仅是感觉的而且是一形式的反省的判断，它推断每个人必然地应有这愉快，必须在根基上具有某物作为先验的原理，这原理固然仅可能是一主观性的，（如果对这类判断一个客观性的原理是不可能的话），但是尽管作为这个，仍然也需要一个演绎（按即论证），以便人们理解一个审美判断怎样能够提出必然性

的要求来的。我们现在所从事的任务就植基在这里面；鉴赏（口味）判断是怎样可能的？这个任务就是关涉纯粹的判断力在这样的诸判断里，它（判断力）不是仅仅把它们归纳到客观的悟性的诸概念并且站立在一个规律之下（像在理论判断里那样），而且在那里，它自己对自身是主观性的对象，同时也是规律。这个任务所以可以这样来表象：

一个这样的判断是如何可能的呢？这判断仅仅是出于自身的对于对象的快乐的感觉，不受这对象的概念的羁绊，来对这快乐下评判，作为系属在每一个别主体里的这同一客体的表象，先验地，就是不需等待这个别主体的同意。

至于诸鉴赏判断是综合的，这是容易看出来的，因为它们走出了这客体的概念，甚至于它的直观的范围了，并且某一绝不再是知识，即快乐（或不快）的情绪对它作为宾词加了进来。但是至于它们，虽然宾词（那和表象结合着的情绪）是经验的，它们仍然是先验的判断，（在涉及对每个人要求着同意这方面）或须被这样来看待着，这已经包含在它们要求的词语里了。因此这判断力批判的任务是属于先验哲学的普遍问题之内，即：先验综合判断是怎样可能的？

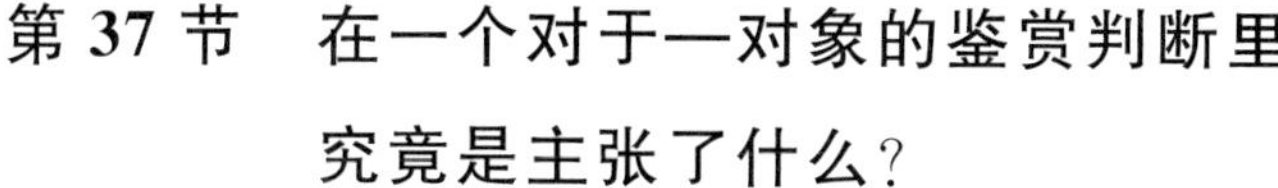

第 37 节　在一个对于一对象的鉴赏判断里究竟是主张了什么？

至于来自一对象的表象是直接地和一种愉悦结合着，这只能内心里被觉知，并且，如果人们除此以外不再欲指示出什么来的话，那么这就只是一经验判断。因为我不能先验地把一规定的情绪(愉快或不快感)和任何一表象接合着,除非在那一场合,即一个规定着意志的原则先验地在理性里作为基础存在着。又因这里的愉快(在道德的情绪里)是从这场合引申出的结果,它就绝不能和那鉴赏里愉快相比较,因这种愉快(道德的愉快)要求着一个来自一规律的规定的概念。与此相反,前者(按:指出审美的愉快)却应该是和那先于一切概念的评判相结合着的。因此一切鉴赏判断也是单个的判断,因为它们把它们的愉快的宾词不和一概念而是和一给予了的单个的经验的表象结合着。

所以在一个鉴赏判断里所表象的不是愉快,而是这愉快的普遍有效性,这愉快的普遍有效性是被觉知为和那心意里一个对象的单纯评判相结合着,它先验地作为对于判断力的普遍例则,对每个人有效。我用愉快来觉知和评判一个对象,这是一经验的判断。但是,我若发见它美,这却是一先验的判断,我可以推想那个愉快是对每个人必然的。

第38节 鉴赏诸判断的演绎

如果我们承认,在一纯粹的鉴赏判断里对于对象的愉快是和单纯地对于它的形式的评判结合着;那么,这就不是别的,这就只是它(按:指那形式)对于判断力的主观合目的性。我在心情里感觉它(这主观合目的性)和对象的表象结合着。但是判断力在评判中的形式的诸例则,没有任何质料(既无官能的感觉,也无概念),仅是能指向着判断力一般(这判断力一般既不局限于特殊的感官种类,也不局限于一个特殊的悟性概念)的运用中的主观的诸条件,因此指向着那主观性的东西,这个主观性的东西人们能在一切人里面设定着，(作为对于可能的认识一般所需要的)，因此一个表象和这种判断力的诸条件的协合一致必须能够假定作为对每个人先验地有效。这就是我们应能有理由推断每个人会具有着那在评判一感性对象时，表象对于认识诸机能关系的主观合目的性或愉快[①]。

注解

这个演绎之所以这样容易，是因为它无须论证一个概念的客观的实在性；因美不是客体的一个概念，而鉴赏判断不是知识判断。它只主张着：我们在任何人的场合里面普遍地肯定那判断力的主观诸条件为前提是正当的，这些主观诸条件是我们在自己内里见到的。关键只在于我们是把那给予了的客体正确地包摄到这些条件之下了。虽然后面这一层具有着不可避免的，不系属于逻辑的判断力的诸困难。(因人们在逻辑判断力这场合是包摄在概念之下，在审美里面是纳在一单纯可感觉的关系——即是在客体的被表象的形式上面想象力和悟性相互协调的关系——之下，在这里那包摄是容易做的)但是由于这个，那判断力提出普遍同意的

① 为了有理由能对于一个单纯基于主观根据的审美判断力的诸判断提出普遍赞同的要求，下面的“容许”就足够了：(1)在一切人们那里这个机能的主观诸条件是一样的。这机能就是关于在这个活动里对于一个认识所设定的诸认识能力的关系，而这关系必须是真实的，因为否则人们不能传达出他们的表象以至于他们的认识。(2)那判断只须顾虑到这个关系(亦即判断力的形式的条件)，并且要纯净，这就是既不和客体的概念也不和诸感觉作为规定根据来混合。如果在后一点上失错了，那么这只是涉及权能——这权能是一规律赋予我们的——的不正确的运用到一个特殊的场合上，而这权能是不会由于这个而被弃扬的。——原注

要求的合法性却不被剥夺，这个要求所指的即是那基于主观的原理的正确性判定为对于每个人有效。

因为关于包摄到那原理之下的正确性所涉及的困难和疑惑，却不使人对那审美判断的有效性的要求的合法，即原理自身，发生疑惑。正像逻辑判断力错误地把后者（这里是客观的）包摄到原理之下时（虽然不常有，也不容易有）不使人对这原理自身疑惑一样。假使这问题是：把自然界作为鉴赏的诸对象的总括概念，先验地来假定，这是怎样可能的？这个课题就涉及目的论，因这就必须把它看作自然的目的，这目的本质地属于自然的概念，自然的目的就是对我们的判断力展开合目的性的诸形式。

但是这个假定的正确性还是很可疑的，虽然自然众美的现实性正公开在我们的经验的面前。

第 39 节　关于感觉的可传达性

如果感觉作为知觉里的实在的东西联系到认识，那么它就唤作官能的感觉；它的质性里特殊的东西只让我们表象为一般地在同一样式里有传达可能性，如果我假定每个人具有和我们同样的官能的话；但是我们对一官能的感觉却绝不能假定这个作为前提。对于一个缺少嗅觉的人这类感觉就无法传达。即使他不缺乏嗅觉，我也不能断定他从一朵花获得的感觉正是和我一样的。在对同一物件的感到的舒适或不舒适更须设想是有差异的。绝不能要求每个人对于同一对象承认有同一的快乐。人们可以称唤这种快乐为享受性的快乐，因这种快乐是通过感官的道路走进心里来的，我们在这里是被动的。

与此相反，对于行为的道德性质方面的满意却不是享受性的愉快，而是基于自我的活动和这活动对于它的任务的理念的符合。这种唤作道德的情绪却是要求着概念并且不表现为自由的，而是合于规律的合目的性。所以也只能通过理性和通过颇为规定了的实践性的理性概念来传达，假使那愉快满意是同样的话。

对于大自然的壮美的愉快，作为理性化的静观的愉快，固然也提出普遍同意的要求，却已经拿另一种情感，即它的超感性的使命的情感为前提；这情感虽然可能是那样地不分明，却是具有着道德的基础的。至于别的人是否顾虑到这一层并且在观照粗野的大自然时获得愉快（这种愉快实在是不能归功于这粗野大自然的观照，它实是可怕地威胁着人们的），这是我没有权能来肯定作为前提的。不管这些，我仍然能够根据下列的观点推想每个人也会有那种愉快，这观点就是：我们应当在每个适当的因机里回顾到人们道德的禀赋，而人们只是由于这道德规律的媒介才可以有那种愉快，而这道德规律自身又是植基于理性的概念的。

与此相反，对于美的愉快既不是一种享受的快乐，也不是一种合道德规律性的行为，也不是按照着诸理念的理性化的静观，而是单纯的反射的。没有任何目的或行动准绳的原则，这种愉快伴着对一个对象通过想象力——作为直观的机能——的一般的把握，联系到悟性作为概念机能，由于判断力的一种处置手段。这种处置手段是判断力在最通常的经验里也必须执行的；只是它在这场合之所以被迫要进行的，是为了一个经验的概念，而在前面（即在审美的评判里）单是为了觉知那个表象对于双方认识机能在它们的自由中谐和的（主观的——合目的性的）工作里的相应性，这就是用快乐去感受那表象的状态。这种愉快须在每个人那里必然地筑基于同样的诸条件，因为它们是一个认识可能性的主观诸条件，而这种认识诸机能在鉴赏里所要求的比例，对于普遍的和健康的悟性也是需要的。这悟性也是人们应该在每个人那里作为前提来假定的。正因为这样，具着鉴赏力的评判者（只要他在这意识里不迷误，不把质料当作形式，刺激当作美）可以假定那主观合目的性，这就是说，把他对客体的愉快，推断于每个别人，把他的情感作为可以普遍传达，并且无须概念的媒介。

第 40 节　论鉴赏作为一种共通感

人们常常对于判断力，当人们不但是注意到它的反思，毋宁注意到它的结果时赋予它一个感觉的称号，人们会说到对真理的感觉，对礼貌的、正义的感觉等等，尽管人们知道，至少应该知道，这里并不是一种感觉——在这感觉里诸概念能够有着它们的席位——更不是它有微末的能力达到说出普遍法则的程度；而是，假使我们永远不能超越这些感觉而达到高一级认识机能，就永远不有关于真理、礼貌，美或正义这一类的表象走进我们的思想里来。人间的常识，这个人们把它作为单纯的健全常识（未受文化修养）看作极为微末的东西，看作是人既唤作人就必须具备的东西，因此也就获得一个侮辱性荣誉，它被称作普通感觉（sensus Communis）普通（gemein）这一词（不仅在我们的文字里真正含有双重意义，就在别国也是这样）占有着它的含义常常被了解为平凡、庸俗。占有着它绝不是功劳或优点。

但是在共通感觉这一名词之下人们必须理解为一个共同的感

觉的理念，这就是一种评判机能的理念，这评判机能在它的反思里顾到每个别人在思想里先验地的表象样式，以便把他的判断似乎紧密地靠拢着全人类理性，并且由此逃避那个幻觉，这幻觉从主观的和人的诸条件——这些诸条件能够方便地被认为是客观的——对判断产生有害的影响。这一切由于下面的原因现行出来：人们把他的判断紧密地靠拢着别人的不一定是真实的，毋宁只是可能的判断，把自己置身于别人的地位，当人们只是从那些偶然系在我们自己的评定上面的诸局限性抽象出来。而这些之所以成为这样，又是由于人们把表象状态里的质，即感觉，尽可能多地排去，因而只注意它的表象或它的表象状态里的形式的诸特异性。把这种反思的工作赋予我们所称呼为普通感觉那东西，大概显得太过技巧了，但这种反思工作只是看出来好像这样，如果人们把它在抽象的公式里表达出来。但是，如果人们是寻找一个能够达成普遍法则的判断的话，那么从魅力（刺激）和感动里抽象出来，却是在本身极其自然的事。

普遍人类悟性下面的格律固然不是隶属这里作为鉴赏批判的部分，但仍然能够用来说明它的诸原则。这就是：（一）自己思想；（二）站到每个别人的地位上思想；（三）时时和自己协合一致。第一个格律即是无有成见，第二是见地扩大，第三个是首尾一贯的思考样式。第一个是一永不消极的理性的格律的倾向，即对于他律的倾向，是唤作成见；一切成见中最大的成见就是：自己认为自然不受诸法则的制约，——这些诸法则是悟性通过它自身本质的规律安放在自然的根基里去的——这就是迷信。从迷信解放出来唤作启蒙[①];因为,这个称呼虽然也应用于从一般成见的解放,然而迷信仍是优先地(in sensu eminenti)值得称为一种成见,迷信陷入盲目性,啊,甚至于要求着这种盲目性作为义务,即认为必须被别人领导着,因而显著地标示一种消极性的理性的状态。涉及思考样式的第二格律时,我们通常习惯于把那种才能不堪大用(尤其是在强度方面)的人唤作浅陋(即窄狭,和博大相反)但此处却不是谈认识的能力,而是指的那思想样式,如何合目的地来运用它。这思想样式,尽管人的天分的范围和程度如何的小,仍能标示出一个思想样式博大的人来,如果他超脱了判断的主观的和人的诸制约——有那么多的人拘束这在诸制约里面呀!——并且从一个普遍的立场(他设身处地站到别人的立场时,才能规定这个立场)来反思他自己的判断。第三个格律,即首尾一贯的思考样式,是最难以到达的,并且也只能通过前两种的结合和由于时常遵守,熟练成巧以后才能达到。人们可以说:第一格律是悟性的格律,第二个是判断力的,第三个是理性的。

我现在再新拾起由于这段插论中断了的线索,并且说道:鉴赏能够以多种的权利在常识的场合上称唤为健康的悟性;而审美的判断力宁可优先于知的判断力获得共通的感觉这个名称,假使人

① 人们将看到,启蒙在理论上容易,在实际应用上是一艰难而缓慢的事件;因为用他的理性不被动地而是时时自己立法着,这固然对这类人是一完全容易的事,这人只想适合着它的主要的目的,而不企求知道超出他的悟性的东西。但是因为对后者的企求是极难防止的,在别的人那里,他们以很多的确信,预期能够满足这种知识欲。在他们那里这种企求是永不会缺乏的:所以在思考样式内(首先是在公众的思考样式内)要保持或成长那消极的东西(而这正是构成那在本来意义的启蒙)是很困难的事。——原注

们把感觉(Sinn)[①]这个字从单纯反思的效果这一意义运用到情感的场合上去;那么,在这里感觉就被理解为快乐的情绪。人们甚至于可以把鉴赏界说为那个评判的机能,它使我们的在一个给予了的表象上的情感没有概念的媒介而能普遍传达。

人们传达他的思想的技能也要求着一种想象力和悟性的关联,以便把直观伴合于概念,又把概念伴合于直观,把它们共流入一知识;但此后这两种心力的协合一致是合规律地强制在特定的诸概念之下。只是在这场合:即想象力在它自由中唤醒着悟性,而悟性没有概念地把想象力置于一合规则的游动之中,这时表象传达着自己,不作为思想,而作为心意的一个合目的状态的内里的情感。

所以鉴赏就是那机能,对于那和一个给予了的表象(没有概念的媒介)相结合着的情感的可传达性,从事先验地的评判。

如果人们假定,他的情感自身的单纯的普遍传达性必须已经在它自身对于我们携带着一种兴趣(但人们没有权利从一个单纯的反思着的判断力的性质里引申出这个结论来);那么,人们须能对自己说明:把那鉴赏判断里的情感期待于每个人恰恰像是作为义务,这是从何处来的呢?

第 41 节　对于美的经验性的兴趣

把某物评为美的鉴赏判断必须不以(利益)兴趣为规定根据,

① 人们可以把鉴赏用美的公通感,把人们的常识用理论的公通感来标出。——原注

这是在前面充分地说明过了。但从这里不得出结论说，既然它是作为纯粹的鉴赏判断而给予的了，就不能有兴趣和它结合在一起。但这种结合却永远只能是间接的，这就是说，鉴赏必须最先把对象和某一些别的结合在一起被表象着以便那单纯对于对象的反射的愉快又能够和一个对于它的存在感到的愉快连接起来（在这愉快里，建立着一切的兴趣）因为在这审美判断里，就像在认识判断（对事物一般）里所说的那样：（a posse acl esse non valet consequentia）。这某一别的东西可能是某些经验的东西，即如人性里本具的某一倾向；或某些智性的东西作为意志的特性，它能够先验地经由理性来规定着的：这两者内含着对于一对象的存在的愉快，因此能为着对于下列事物的兴趣安置下基础：这就是某物自身，不顾及任何一个利益兴趣，它已经使人愉快。

在经验里，美只在社会里产生着兴趣；并且假使人们承认人们的社会倾向是天然的，而对此的适应能力和执著，这就是社交性，是人作为社会的生物规定为必需的，也就是说这是属于人性里的特性的话，那么，就要容许人们把鉴赏力也看作是一种评定机能，通过它，人们甚至于能够把它的情感传达给别人，因而对每个人的天然倾向性里所要求的成为促进手段。

一个孤独的人在一荒岛上将不修饰他的茅舍，也不修饰他自己，或寻找花卉，更不会寻找植物来装点自己。只在社会里他才想到，不仅做一个人，而且按照他的样式做一个文雅的人（文明的开始）；因为作为一个文雅的人，就是人们评赞一个这样的人，这人倾向于并且善于把他的情感传达于别人，他不满足于独自的欣赏而未能在社会里和别人共同感受。并且每个人也期待着和要求着照顾那从每个人来的普遍的传达，恰似出自一个人类自己所指定的原本的契约那样；所以开始时只是一些刺激性的东西，例如色彩用来文身，（加勒比人用橙黄色染料，易洛魁人用朱红色染料）或花卉，贝壳，美色的羽毛。在时间进展里也有美的形式（在独木舟上，衣服上及其他物上面）这些东西并不在自身携带着快乐，即享受的快乐，却在社会里重要并和大的利益兴趣结合着：直到最后达到最高点的文明，从这里面几乎制造出文雅倾向性的主要的作品来，而诸感觉也只在它们能被普遍传达的范围内被认为有价值。就在那场合，如果每个人对于某件东西的愉快尽管只是微末不足道，又在自身没有可注意的利益兴趣，而关于这愉快的普遍传达性的观念却会把它的价值几乎无限地扩大着。

这种由于对社会的倾向，间接地系于“美”上去的兴趣，因而是经验性的对于美的兴趣，在此地对我们却没有任何重要性。我们的任务只是去考察，什么是和先验的鉴赏判断关系着的，哪怕是间接的关系着。

因为假使在这个形式里一个和它结合着的兴趣发现出来，鉴赏将发见我们的评判机能的一个从官能享受到道德情绪的过渡。并且不仅是人们通过这个将被更好地导致对于鉴赏力的合目的使用，人类的先验机能的联锁中一个中间环节——一切的立法必须系于这些先验机能——将作为这中间环节而表达出来。关于对诸鉴赏对象的经验性的兴趣和对于鉴赏自身，人们可以这样说：因为鉴赏，尽管它怎样地优雅化了，它仍服从于倾向性，它爱使自己和一切倾向性及癖好融合在一起，而这些倾向性及癖性在社会里达到它们的最大的多样性和最高度的等级。如果对美的兴趣是筑基在这上面的话，那么，它就仅能提供一个从舒适性到善的很可疑的过渡了。但这个过渡是否会通过鉴赏——在这鉴赏是纯洁的场合——推进着，关于这一点我们有理由去探究它。

第 42 节 关于对美的智性的兴趣

那一些人，他们欢喜把人们由内在的自然禀斌所推动的一切的事业都指向人类最后的目的，即道德的善，而把那对于美一般具有兴趣，也看作是一个好的道德的性格的标志，这真是在好心肠的意图里表现出来的见解。但他们都被别人有根据地反驳掉了。这些别人依据经验，指出鉴赏的练达家们不但是往往，而且经常是虚饰的，固执的，并且委身于一些有害的癖性，大概比别的人更少有资格说他们具有忠于道德诸原则的优点。所以好像是，对于美的情感不仅是和道德的情绪有种别的差异（实际上也是如此），而且这和美能结合的兴趣是和道德的兴趣很难，绝不能通过内部的亲和性结合起来。

我现在固然愿意承认，对艺术的美的兴趣（在这里，我把人工的使用自然的美以从事装点，即是为了浮夸虚饰，也算在内）完全不提供一个忠于道德的善的，或仅仅是有此倾向的思想形式的证据。但与此相反，我却主张：对于自然的美具有一个*直接的兴趣*（不单具有评定它的鉴赏力）时时是一个良善灵魂的标志，并且，假使这兴趣是习惯性的，它至少表示一种有利于道德情绪的心意情调，如果这兴趣乐于和自然的静观相结合着。但人们须记着，我在这里实际上是意指着自然的美的形式，而那些能与自然结合在一起的丰富的刺激（魅力）我暂且放置一旁，因对于那些东西的兴趣固然也是直接的，却仍是经验性质的。

谁人孤独地（并且无意于把他所注意的一切说给别人听）观察着一朵野花、一只鸟、一个草虫等等的美丽的形体，以便去惊赞它，不愿意在大自然里缺少了它，纵使由此就会对于他有所损害，更少显示对于他有什么利益，这时他就是对于自然的美具有了一种直接的，并且是智性的兴趣了。这就是不但自然成品的形式方面，而且它的存在方面也使他愉快，并不需一个感性的刺激参加在这里面，也不用结合着任何一个目的。

在这里值得注意的是，假使人们欺骗了他而是把假花（人能做得和真的一样）插进地里，或把雕刻的鸟雀放在树枝上，后来他发见了这欺骗，他先前对于这些东西的兴趣就消失掉了；但可能另一种兴趣来替代了这个，这就是虚荣的兴趣，他把他的房间用这些假花装饰起来以炫别人的眼睛。自然是产生出那美的；这个思想必须陪伴着直观与反省；人们对于他的直接的兴趣只建立在这上面。

否则只剩下一种单纯的鉴赏判断而绝无一切的兴趣或只是和间接的，即关系着社会的兴趣相结合着：但后者对于道德上善的思想并不提供确实可靠的指征。

这种自然美对艺术美的优越性，尽管自然美就形式方面来说甚至于还被艺术美超越着，仍然单独唤起一种直接的兴趣，和一切人的醇化了的和深入根底的思想形式相协合，这些人是曾把他们的道德情操陶冶过的。

如果一个曾经充分具备着鉴赏力，能够以极大的正确性和精致来评定美术作品的人，他愿意离开那间布满虚浮的，为了社交消遗安排的美丽事物房屋而转向大自然的美，以便在这里，在永远发展不尽的思想的络绎中，见到精神的极大的欢快，我们会以高度的尊敬来看待他的这一选择，并且肯定他的内心具有一美丽的灵魂，这种美丽的灵魂不是艺术通和爱好者根据他们对艺术的兴趣就能有资格主张他们也具有着。什么是这两种客体不同的评价的相异之点？在单纯鉴赏判断里这两种客体是很难互争优劣的呀！

我们有一单纯的审美判断力的机能，无概念地对诸形式来下评判，并且在这种单纯评判上发见一种愉快，我们同时使它成为每个人的例则，这种判断并且不是建基于一个利益兴趣，也不导致这样一利益兴趣。

另一方面我们也有一种知性判断力的机能，对于实践格律的单纯诸形式（在它们由自身成为普遍立法的范围内）规定一种先验的愉快，我们使它对每个人成为规律，我们的判断也不是建基于一个利益兴趣，却仍然导引出一利益兴趣。在前一判断里的愉快或不快叫作鉴赏的，后一种是道德情感的。

但是理性对于诸观念——理性在道德情感里对于这些观念具有直接的兴趣——它们（译者按：指诸观念）也具有客观的现实性，是有兴趣的（译者按：即对于观念具有现实性不是不关心的），这就是自然界至少要标示或给予一暗示，它内在自身里含有着任何一个理由，承认它的诸成品对于我们的摆脱了一切利益感的愉快有着一种合规律的协合一致（这种愉快我们先验地认识为对于每个人是规律，却不能把它建基于论证之上）；这样，理性就必须对于大自然的每一个具有着类似这样的协调的表示感兴趣：因此人的心意思索自然的美时，就不能不发见自己在这里同时对于自然是感兴趣的。

这种兴趣按照它的亲属关系来说是道德的。而谁人在自然身上持有这种兴趣的，他只在这一种范围内对自然持有这种兴趣，即当他的兴趣在这以前已经稳固地筑基于道德的善上面了。所以谁对自然的美直接地感兴趣，我们有理由能够猜测他至少具有着良善的道德意念的禀赋。

人们或将对我们说：这个从它和道德情感的亲属关系来解说审美判断，以便把它看作是大自然在它的美的形式里形象地对我们诉说的语言的正确说明，似乎太过牵强了。但，第一点这个对自然美的直接兴趣实际上不普遍，而只是那些人才具有，他们的思想意识或已对于善发展了，或对此种发展特别容易接受。这样一来，纯粹的审美判断，不依于任何利益兴趣而使人感到一种愉快，并且同时先验地推想及于全人类。道德判断，它基于概念也做同样的事，它对于前一对象也具有一直接的同等的兴趣，而没有清晰的、细致的和预先的思索，在这两种判断之间存在着类比关系。只是审美判断是一自由的兴趣，而道德判断是一止基于客观规律的兴趣。再者，还有那对自然的惊赞，这自然在它的美丽的产品里表示为艺术品，不单是由于偶然，而好像是有意的，按照合规律的布置，并且作为合目的性而无目的；这目的，我们在外界是永不能碰到的，我们自自然然地在我自己内里寻找，并是在那里面，即在那构成我们生存的终极目的，道德的使命。（至于问到这样一种自然合目的性可能的基础却须在目的论里即判断力批判第二部分谈论到它。）

至于对美术的愉快在纯粹的鉴赏的判断里并不这样和一直接

的兴趣结合着，像对于美丽的自然那样，这也是很容易解释的。因为它或是一自然的摹本，达到错觉的程度；那么它的作用就像一误认为真的自然美那样，或者它是一个有意的为引动我们的愉快而造作的技术：这时我们对于这一成品的愉快固然直接由鉴赏而生起，但除掉唤醒一个对那植于根基里的原因的间接兴趣而外没有别的，这就是对于这一种艺术，它只是通过它的目的，永远不是由于自身使我感兴趣。人们或者会说：下面这场合也是和此同样的，这就是，如果一自然对象只是在那限度内使人感兴趣，当它和一道德观念伴合着。但，不是这个，而是这对象能够参加这一伴合的性质自身，即它内在地禀有此一特性，才会直接引起人们的兴趣。

美丽自然的诸魅力，常常和美的形式融合在一起被我们接触到，它们或是属于光(在赋色里面)，或是属于声(在音调里面)的诸变相。因为这些是唯一的诸感觉，它们不仅仅是具含着感性的情感，而且也允许我们对于感官的这些变相的形式进行反思，因而它们好像是一种把大自然引向我们的语言，使大自然好像含有一较高的意义。所以百合花的白色导引我们的心意达到纯洁的观念，并且按照着从红到紫的七色秩序，达到：(1)崇高；(2)勇敢；(3)公明正直；(4)友爱；(5)谦逊；(6)不屈；(7)柔和等观念。鸟的歌声宣诉他的快乐和对生活的满足。至少我们这样解释着自然，不管这是不是它的真实的意图。但我们在此处对于自然的美的兴趣，却必须它确实是自然的美。假使我发见这里只是艺术，我发见我是被欺骗了，那时这自然的美就立刻全部消逝了，甚至于鉴赏就不能在那上面发见到任何美，视觉也不能在那上面见到任何魅力了。诗人所赞赏的莫过于夜莺在静悄悄的夏夜，藏在孤寂的丛林里，发出它的动人的美丽的歌唱。但人们虽有这样的例子,即在这场合并不是夜莺的歌唱,而是某一客店主人为了使那些在他客店里歇夏的旅客们高兴,暗中叫一个顽皮的孩子藏在丛林里(用芦管或竹管)模仿着自然的歌唱。当人们一旦发觉这是欺骗时,人们就不再能长久忍耐下去听这先前那样认为多么美的歌声了。这就是每一歌手的场合。所以那必须是自然或被我们认为是真的自然,这才使我们能够对于美作为一种美感到一直接的兴趣,更进一层说,我们将可以推断别人也应在那上面感兴趣;实际上正是这样,我们会把那些人的思想形式看作粗俗或不高尚,假使他们对于大自然没有感觉(我们这样称呼那对于观照兴趣的容受性),而只在膳食杯盘之间紧抓住官能的享乐。

第 43 节　关于艺术一般

(1)艺术被区别于自然,像动作(facere)被区别于行为或作用一般(agere)一样,而成品,或前者(艺术)所产生的结果,作为作品被区别于后者的结果,即效果(effectus)。

正当地说来,人们只能把通过自由而产生的成品,这就是通过一意图,把他的诸行为筑基于理性之上,唤作艺术。因为,虽然人们爱把蜜蜂的成品(合规则地造成的蜂窝)称作一艺术作品,这只是由于后者对前者的类似;只要人一思考,蜜蜂的劳动不是筑基于真正的理性的思虑,人们就会说,那是她的(本能的)天性的成品,作为艺术只能意味着是一创造者的作品。

当人们探查一沼泽时见到一块被削正的木头,像通常会有的情形,这时人们不会说它是自然的成品,而是一艺术的。产生这一物的原因是自己设想过一个目的，这物的形式当归原于这一目的。固然人们也在一切事物上见到艺术，只要这事物的构造是这样的：即在它的实现之前必须先在它的因里面先行着一个对于它的表象（甚至于在蜜蜂那里），而正无须真正预想过它的结果；但人们根本上所称为艺术作品的，总是理解为人的一个创造物，以便把它和自然作用的结果区别开来。

（2）艺术作为人们的技巧也和科学区分着（技能区别于知识），作为实践的和理论的机能，作为技术和理论（像几何学中的测量术一样）区别开来。因此在下列的场合不叫作艺术，即：人能够做，只要人知晓什么是应该做的，因此只充分地知晓这欲求的结果。只是那人们尽管是已经全部地知晓了，却还未具备技巧立刻来从事，在这范围内才隶属于艺术。坎伯尔（Camper）曾描写得很仔细，最好的鞋子应该是怎样做的，但他却肯定地做不出一只来[①]。

（3）艺术也和手工艺区别着。前者唤作自由的，后者也能唤作雇佣的艺术。前者人看作好像只是游戏，这就是一种工作，它是对自身愉快的，能够合目的地成功。后者作为劳动，即作为对于自己是困苦而不愉快的，只是由于它的结果（例如工资）吸引着，因而能够是被逼迫负担的。至于在行会的级表上是否钟表匠被认为是艺术家，而与此相反，铁匠作为手工艺匠工，这需要和我们现在所探取的观点不同的另一评判观点，即是作为这一

① 在我住的地方普遍人说道，如果人给予他一个这样的任务，像哥伦布和他的蛋那样，这就不是艺术，这仅是一科学；这就是说，人如果知晓了，他就能做。对于变戏法的人的一切所谓艺术，他认为也是这样。但走绳索的艺术他却不能否认是一种艺术。——原注

事业或那一事业基础的才能的比例。在所谓七种自由艺术里是否有几种可以列入学术，有几种可以和手工艺相比拟，关于这一点我现在不愿谈论。至于在一切自由艺术里仍然需要着某些强制性的东西，如人们所说的机械性东西，若没有这个那在艺术里必须自由的，唯一使作品有生气的精神就会完全没躯体而全部化为虚空，这是应该提醒人们的(例如在诗艺里语法的正确和词汇的丰富，以及诗学的形式韵律)，现在有一些教育家认为促进自由艺术最好的途径就是把它从一切的强制解放出来，并且把它从劳动转化为单纯的游戏。

第 44 节　关于美的艺术

没有关于美的科学，只有关于美的评判；也没有美的科学，只有美的艺术。因为关于美的科学，在它里面就须科学地，这就是通过证明来指出，某一物是否可以被认为美。那么，对于美的判断将不是鉴赏判断，如果它隶属于科学的话。至于一个科学，若作为科学而被认为是美的话，它将是一怪物。因为，如果人们在它里面把它作为科学来询及理由和证据，人们会拿美丽的词句来打发我们。至于什么根由产生了通常所称谓的美的科学，无疑不是别的，正是人们完全正确地指示出来的：美的艺术在它的全部的完满性里包含着不少科学，例如对古代文字的知识、熟读古典作家、历史学、古代遗产的熟悉等等，因这些学识构成了美的艺术的必要的准备和根基。另一部分根由也因为对美术的作品的知识(演说学与诗艺)也包含在这里面，由于名词的误用，自己也就称作美的科学了。

假使艺术，适合着一可能对象的认识，单纯为了把它来实现，进行着为这目的所必要的动作，那它就是机械的艺术。假使它拿快感作它的直接的企图，它就唤作审美的艺术。这审美的艺术又可以是快适的艺术，或是美的艺术。它是前者，假使它的目的是快乐，伴随着诸表象作为单纯的感觉，它是后者，假使这快乐伴随着诸表象作为认识的样式。

快适的诸艺术是单纯以享乐为它的目的。例如人们在筵席间享受到的一切刺激，有趣地说着故事，诱使坐客们活泼自由地高谈阔论，用谐谑和欢笑造成快乐气氛。在这场合，正如人们所说的，随便说些醉话，不负任何责任，不停留在一固定题目的思考和倡和里，只为了当前的欢娱消遣。（隶属于这场合的也有筵席的美味陈设或在大宴会里甚至于还有着音乐的演奏：这是一奇怪的东西，它只是作为一种舒适的声响支持着大众愉快的情调，协助他们和邻坐自由地交谈，没有人会丝毫注意到这音乐曲调的结构）。此外属于这场合的还有一切游戏，这些游戏没有别的企图，只是叫人忘怀于时间的流逝。

与此相反，美的艺术是一种意境，它只对自身具有合目的性，并且，虽然没有目的，仍然促进着心灵诸力的陶冶，以达到社会性的传达作用。

一般愉快的普遍传达性是在它的概念里已经包含着这事实：即它不是单纯的官能感觉的快乐，而必须是反省里的；所以审美的艺术是这样一种艺术，它是拿反思着的判断力而不是拿官能感觉作为准则的。

第45节　美的艺术，在她同时好像是自然时，它是一种艺术

在一个美的艺术的成品上，人们必须意识到它是艺术而不是自然。但它在形式上的合目的性，仍然必须显得它是不受一切人为造作的强制所束缚，因而它好像只是一自然的产物。艺术鉴赏里这个可以普遍传达的快感，就是建基于我们认识诸机能的自由活动中的自由的情绪，而不是建基于概念。自然显得美，如果它同时像似艺术；而艺术只能被称为美的，如果我们意识到它是艺术而它又对我们表现为自然。

于是我们能够一般地说：不管是自然美或艺术美，美的事物就是那在单纯的评判中（不是在官能感觉里，也未曾通过概念）而令人愉快满意的。但艺术却是时时有一确定的企图来创造出某物。假使这单单是感觉（某些只是主观的东西），企图和快乐相偕着，那么这一成品在评定里只是通过官能的感觉而令人愉快。如果这企图是在于产生出某一确定的客体，那么，假使它也是经由艺术达到的话，那么，这一客体只能通过诸概念来令人愉快满意。在以上这两个场合，艺术将不是在单纯的评判里，即不是作为美的艺术，而是作为机械的艺术令人愉快满意的。

所以美的艺术作品里的合目的性，尽管它也是有意图的，却须像似无意图的，这就是说，美的艺术须被看作是自然，尽管人们知道它是艺术。但艺术的作品像是自然是由于下列情况：固然这一作品能够成功的条件，使我们在它身上可以见到它完全符合着一切规则，却不见有一切死板固执的地方，这就是说，不露出一点人

工的痕迹来，使人看到这些规则曾经悬在作者的眼前，束缚了他的心灵活力。

第 46 节　美的艺术是天才的艺术

天才就是那天赋的才能，它给艺术制定法规。既然天赋的才能作为艺术家天生的创造机能，它本身是属于自然的，那么，人们就可以这样说：天才是天生的心灵禀赋，通过它自然给艺术制定法规。

不管这个定义是怎样一回事，它或许只是肆意而谈的，或许符合着人们在天才这名词下所把握的概念，或许不是，（这将在次节里说明），人们仍然能够预先证明，按照着这里所假定的字义，美的艺术必然地要作为天才的艺术来考察。

每一艺术是以诸法规为前提，即在它们的基础上一个能被称为艺术的作品才能设想为可能的。但美的艺术这一概念却又不允许对于它的作品所下的美的判断是从任何一个法规引申出来的。法规是以一概念作它的规定基础的。因此，对于作品下美的判断，是不以一概念作基础的，这概念是说出：它是怎样可能的。所以美的艺术不能为自己想出法规来，他却只能按照着这法规来完成制作。但是没有先行的法规，一个作品是永不能唤作艺术的，因此必须是大自然在创作者的主体里面（并且通过它的诸机能的协调）给予艺术以法规，这就是说，美的艺术只有作为天才的作品才有可能。

人们从这里看出来，天才（一）是一种天赋的才能，对于它产生出的东西不提供任何特定的法规，它不是一种能够按照任何法规来学习的才能；因而独创性必须是它的第一特性；(二)也可能有独创性的，但却无意义的东西，所以天才的诸作品必须同时是典范，这就是说必须是能成为范例的。它自身不是由摹仿产生，而它对于别人却须能成为评判或法则的准绳。(三)它是怎样创造出它的作品来的，它自身却不能描述出来或科学地加以说明，而是它(天才)作为自然赋予它以法规，因此，它是一个作品的创作者，这作品有赖于作者的天才，作者自己并不知晓诸观念是怎样在他内心里成立的，也不受他自己的控制，以便可以由他随意或按照规划想出来，并且在规范形式里传达给别人，使他们能够创造出同样的作品来。(因此"天才 genie"这字可以推测是从 genius(拉丁文)引申而来的，这就是一特异的，在一个人的诞生时赋予他的守护和指导的神灵，他的那些独创性的观念是从这里来的)；(四)大自然通过天才替艺术而不替科学定立法规，并且只是在艺术应成为美的艺术的范围内。

第 47 节　对上面关于天才的说明解释和论证

人们在这一点上是一致的，即天才是和摹仿的精神完全对立着的。学习既然不外乎是摹仿，那么，最大的才能，学问，作为学问，仍究竟不能算作天才。假使人们自己也思考或做诗，并且不仅是把握别人所已经思考过的东西，甚至对于技术和科学有所发明；这一切仍然未是正确的根据，来把这样一个(常常是伟大的)头脑(与此相反，那些除掉单纯的学习与摹仿外不再能有别的东西，将被人唤作笨伯)称作一天才。因为这一切科技仍是人们能学会的，仍是在研究与思索的天然的道路上按照着法规可以达到的，而且是和人们通过勤恳的学习可以获致的东西没有种别的区分。所以牛顿在他不朽的自然哲学原理那一著作里所写的一切，人们全可以学习；虽然论述出这一切来，需要一个伟大的头脑。但人不能巧妙地学会做好诗，尽管对于诗艺有许多详尽的诗法著作和优秀的典范。原因是在于：牛顿把他的一切步骤，从几何学的最初原理达到他的伟大的深刻的发明，不单是能对自己，也能对于每个别人完全直观地演出来并规定下追随的道路。既不是荷马，也不是魏兰能够指示出他们的想象力强而同时思想丰富的观念是怎样从他们的头脑里生出来并且集合到一起的，因为他们自己也不知道，因而也不能教给别人。所以在科学里面最伟大的发明家和最辛勤的追随者和学徒也只是程度上的差别；与此相反，对美术获得天赋的人是和他们却有种类上的区别，但这些伟大人物（译者按：指科技发明家），人类感荷于他们的是那样多，我们在这里绝没有把他们和那些自然的宠儿——就他们的美术天才而言——相对比而加以轻视。正由于他们把他们的才能用于知识的永恒向前的更大的完满性和一切系于这上面的效用利益，以及把这些知识传递给别人，在这些上面正是他们对于那些获得天才荣誉的人所占有的伟大优越性：因为对于这些天才们艺术或已停止进步，艺术达到一个界限不再能前进，这界限或早已达到而不能再突破；并且这样一种技巧也不能传达，而是每个人直接受之于天，因而人之技绝，等待大自然再度赋予另一个人同样的才能。他（这天才）仅需要一个范本的启发，以便同样地发挥他自己已意识到的才能。

既然天赋的才能必须给予艺术（作为美的艺术）以法规，那么，什么是这法规呢？它不能要约在任何一个公式里，以便成立为规范。因为那样一来，对于美的判断就可以按照概念来规定了。而这法规必须是从实践，即从成果，抽象出来的，在这成果（作品）上别人可以考验他自己的才能，以便使那个范本不是服务于照样重做而是令人观摩摹仿，至于这是怎样可能的，那是不容易解释的。一个艺术家的诸观念激动了他的学徒的类似的观念，假使大自然给他的心灵能力装备了一个类似的比例。所以美术的诸范本是唯一的导引工具，来把美术传递给予后继的人；而这不是单纯通过描述所能做到的（尤其是不能在言语的艺术里），而且在这些里面也只能是那古代的、死的，现在只作为学者的言语保存下来的，得成为典范。

尽管机械的，作为单纯勤勉的和学习的艺术，和美的，作为天才的艺术，相互区别着，但究竟没有一美的艺术里面没有一些机械的东西，可以按照规则来要约和遵守，这也就是说有某些教学规则构成艺术的本质的条件。因为在艺术里面必须有某物被思考为目的，否则人们不能把它的成品归隶艺术，那将单是一偶然性的产物了。但是要把一个目的放进艺术，就需要确定的法规，人不能从这些法规超脱出来。但天赋才能的独创性是构成天才品质的本质的部分，所以一些浅薄的头脑相信，只要他们从一切规律的束缚中解放了，他们就是开花结果的天才了，并且相信，他们骑在一匹狂暴的悍马上会比跨在一匹训练过的马要威风些。天才仅能为美术的成品提供丰富的素质，这些素质的加工和它的形式要求着一位经过学校陶冶过的才能，以便使用这素质，能够在批判力面前获得通过。但是假使有人在细致精密的理性探讨的事物中也像一个天才那样来谈论和判决，那就完全可笑了，人们将摸不清，是应该笑这骗子吗？他散布这许多模糊的烟雾，使人们无从获致明白的判断，而因此更好胡思乱想；或是人们应笑那忠厚老实的公众，他们相信，他们不能认识和把握这一具洞见的杰作，他们的无能是由于整个大块的新的真理抛在他们的面前，而细节（通过诸原则的精确说明的和正规的考验）好像只是残缺不全。

第 48 节　天才对于鉴赏的关系

评定美的对象作为美的对象要求着鉴赏力，对于美的艺术自身，产生美的艺术却要求着天才。

如果人们把天才看作对于美术的才能（含着这名词的特有的意义），并且在这目的之下分析诸机能——这些机能必须集合起来才能构成这才能的——，那么，必须准确地规定出自然美和艺术美的区别。自然美的评定只需要鉴赏力，而艺术美的可能性是要求着天才的（在评判这一类的物品时必须照顾到这一点）。

一自然美是一**美的物品**；艺术美是物品的一个**美的表象**。

评定一个自然美作为自然美，不需预先从这对象获得一概念，知道它是什么物品，这就是说：我不需知道那物质的合目的性（这目的），而是那单纯形式——不必知晓它的目的——在评判里自身令人愉快满意。但是如果那物品作为艺术的作品而呈现给我们，并且要作为这个来说明为美，那么，就必须首先有一概念，知道那物品应该是什么。因艺术永远先有一目的作为它的起因（和它的因果性），一物品的完满性是以多样性在一物品内的协调合致成为一内在的规定性作为它的目标。所以评判艺术美必须同时把物品的完满性包括在内，而在自然美作为自然美的评判里根本没有这问题。固然在评判里主要地是考虑到自然界里有生命的诸对象，例如人或马，一般地也涉及客观的合目的性，以便对它们的美来评定；但因此那判断也不再是纯审美的，即单纯的鉴赏判断了。自然不再是按照它显现为艺术来评判，而是在于它确是作为真实的（固然超人类的）艺术。这种目的论的判断构成审美判断的基础和条件，我们必须顾念到这点。在这样一个场合假使人说道：这里是一美女，人们事实上所思想的也不外于：大自然在她的形体里表象着妇女躯体构造的诸目的；因人须超出那单纯形式眺见一个概念，以便那对象在这方式里通过一逻辑制约了的审美判断而被思考着。

美的艺术正在那里面标示它的优越性，即它美丽地描写着自然的事物，不论它们是美还是丑。狂暴、疾病、战祸等等作为灾害都能很美地被描写出来，甚至于在绘画里被表现出来。只有一种丑不能照实在的那样表现出来，而不毁灭一切审美的愉快，毁灭艺术的美，这就是那令人作呕的现象。因为在这一奇异的、纯粹基于想象作用的感觉里，那对象好像是逼迫着我们来容受，而我们却强力地抗拒着，因而对象的艺术的表象和这一对象自身的性质在我们的意识里不能区别开来，从而前者不可能作为美来看待。所以雕塑艺术，因在它的作品上艺术和自然几乎不能区别，它们必须把丑恶的对象从它们的表现范围内屏除出去，因而把死亡（用一美的神灵），战争（用马尔斯战神）通过一个寓意或属性来表达，以便使人乐于接受。这就是说间接地通过理性解释的媒介而不是由于单纯审美的判断力。

关于一个对象的美的表象我们只说到这里，它在本质上只是一个概念的表述的形式，通过它那概念被普遍传达着。把这形式

给予美的艺术却需要鉴赏力。这种鉴赏力是艺术家由于许多艺术作品及大自然范本的观摩练习出来和改正过，而运用在他自己的创作里，并且经历一些常常辛勤的试验发见了那个形式使他的鉴赏力感到满足。所以这形式不是一种灵感的事业或心意诸能力自由飞腾的结果，而是一缓慢的，甚至苦心推敲，不断改正的结果，以便把它（形式）适合着思想而同时仍不使心意诸力活动的自由受到损害。

鉴赏却只是一评判的而不是一创造的机能；所以适合着它的并不因此就是一个美术的作品；那也可能是隶属于有益的和机械的产物，这产物的形成是按照着规定法则，而这些法则人们能够学会并准确地遵守。但那令人愉快的形式——人们所加赋予它的——却只是一传达的工具和演述的手法，在这里面人们尚能在某种程度上保持自由，虽然他是束缚在一规定的目的上面的。所以人们要求那桌上用具或一道德论文，甚至一个说教必须在自身具备着美术的形式，而又不显得是故意造作的。但人们并不因此就称它们为美术创作。隶属于后者将是一首诗、一出乐奏、一个画廊等类。这里人们会在一个应该成为美术的作品上面有时见到有天才而无鉴赏，在另一作品上见到有鉴赏而缺天才。

第49节　关于构成天才的心意诸能力

有某些艺术产品，人们期待它们表示自己为美的艺术，至少有部分如此，而它们没有精神，尽管人们就鉴赏来说，在它们上面指不出毛病来。一首诗可以很可喜和优雅，但它没有精神。一个故事很精确和整齐，但没有精神。一个庄严的演说是深刻又修饰，但没有精神。有一些谈笑并不缺乏趣味，但没有精神。甚至于我们可以说某一女人是俊俏、健谈、规矩的，但没有精神。这是为什么？人们在这精神里了解的是什么？

精神（灵魂）在审美的意义里就是那心意赋予对象以生命的原理。而这原理所凭借来使心灵生动的，即它为此目的所运用的素材，把心意诸力合目的地推入跃动之中，这就是推入那样一种自由活动，这活动由自身持续着，并加强着心意诸力。

现在我主张，这个原理正是使审美诸观念（译者按：亦可译审美诸理想）表现出来的机能。我所了解的审美观念就是想象力里的那一表象，它生起许多思想而没有任何一特定的思想，即一个概念能和它相切合，因此没有言语能够完全企及它，把它表达出来。人们容易看到，它是理性的观念的一个对立物（pendan），理性的观念是与它相反，是一概念，没有任何一个直观（即想象力的表象）能和它相切合。

想象力（作为生产的认识机能）是强有力地从真的自然所提供给它的素材里创造一个像似另一自然来。当经验对我呈现得太陈腐的时候，我们同自然界相交谈。我们固然也把它来改造，但仍是按照着高高存在理性里的诸原理，（这些原理也是自然的，像悟性把握经验的自然时所按照的诸原理那样）；在这里我们感觉到从联想规律解放出来的自由（这联想规律是一系于那机能在经验里的使用的）。在这场合里固然是大自然对我提供素材，但这素材却被我们改造成为完全不同的东西，即优越于自然的东西。

人们能够称呼想象力的这一类表象作观念；这一部分因为它们对于某些超越于经验界限之上的东西至少向往着，并且这样企图接近到理性诸概念(即理智的诸观念)的表述,这会给予这些观念一客观现实性的外观;另一方面,并且主要的是因为对于它们作为内在的诸直观没有概念能完全切合着它们。诗人敢于把不可见的东西的观念,例如极乐世界、地狱世界、永恒界、创世等等来具体化;或把那些在经验界内固然有着事例的东西,如死、忌嫉及一切恶德,又如爱、荣誉等等,由一种想象力的媒介超过了经验的界限——这种想象力在努力达到最伟大东西里追迹着理性的前奏——在完全性里来具体化,这些东西在自然里是找不到范例的。本质上只是诗的艺术,在它里面审美诸观念的机能才可以全量地表示出来。但这一机能,单就它自身来看,本质上仅是(想象力的)一个才能。

如果把想象力的一个表象安放在一个概念底里,从属于这概念的表达,但它单独自身就生起来了那样的思想,这些思想是永不能被全面地把握在一个特定的概念里的——因而把这个概念自身审美地扩张到无限的境地;在这场合,想象力是创造性的,并且把知性诸观念(理性)的机能带进了运动,以至于在一个表象里的思想(这本是属于一个对象的概念里的),大大地多过于在这表象里所能把握和明白理解的。

有某些形式不是构成一个被给予的概念自然的表达,而只是作为想象力的附带的诸表象,来表现与此联结着的后果,和这概念与别的诸概念的亲属关系,人们称唤这类形式作一个对象的(审美的)状形词(Attribute)这个对象的概念作为理性的观念是不能切合地表述出来的。朱庇特的鹫鸟和他爪里的闪电是这威严赫赫的天帝的形状标志,而孔雀是天后的。它们不表象着我们对天地创造的崇高和威严在概念里面的逻辑的状形词，而是某些别的东西，这些东西给予想象力机橡，扩张自己于一群类似的表象之上，使人思想富裕，超过文字对于一个概念所能表出的，并且给予了一个审美的观念，代替那逻辑的表达。它服务于理性的观念，本质上为了使心意生气勃勃，替它展开诸类似的表象的无穷领域的眺望。美的艺术做此事不仅是在绘画或雕刻里（在这里状形词常被运用着），而且诗艺和口才把那使他们作品生动活泼的精神也完全从对象的美的状形标志里取过来，这些状形词和逻辑的属性并行着，给予想象力以腾跃，它们在这里面——固然是在未发展的样式里——；让人更富裕地思想着，超过一个概念在一特定的文字表达里所能包括的。我为了简短起见只限于少数的举例里。如果大王（译者按：指普鲁士的腓特烈大王）在他的一首诗这样表现着："让我们没有怨声退出此生，并无所惋惜，此外我们还用善举堆满了这世界留给后人。像太阳那样，当它完成了每天的周转以后，还散布了一层柔光在天上。它穿过云层送来的最后光线，是它对这世界最后的祝福。"他这样地在他生涯终结时仍对他的世界主义的理性观念用一状形词来赋予生命，这个状形词是想象力（在回忆着曾经度过的一个美丽的夏日黄昏在他心情里唤起的一切快感）附加到那表象上的，而这又生起一群感觉和附带的表象，这些自身未寻到表现的。另一方面，与此相反，甚至于一个知性的概念能够用来做感性的一表象的状形词，而把后者通过超感性的观念来生动化。但只是当那主观地附丽于那超感性的意识上的美被用在这里的场合。所以某一诗人在描绘一美丽早晨时说："太阳涌出来，像静穆从德行里涌出来那样。"当人们在思想里设身到一个有德行的人地

位去，道德的意识就会在人的心情里散播着一群高尚的镇静的情绪和对于愉快的未来一种无限的展望，对于这一切，是没有一个言词的表现——它只切合着一特定的概念呀——能够完全到达的[①]。

一言以蔽之，美的观念是想象力附加于一个给予的概念上的表象，它和诸部分表象的那样丰富的多样性在对它们的自由运用里相结合着，以至于对于这一多样性没有一名词能表达出来（这名词只标指着一特定的概念），因而使我们要对这概念附加上思想许多不可名言的东西，联系于它（这不可名言的）的感情，使认识机能活跃生动起来，并且使言语，作为文学，和精神结合着。

所以在它们的结合里构成天才的心意能力，就是想象力和悟性。只从事于认识的想象力是在悟性的约束之下受到限制，以便切合于悟性的概念。但在审美的企图里想象力的活动是自由的，以便在它对概念协合一致以外对悟性供给未被搜寻的，内容丰富的，未曾展开过的，悟性在它的概念里未曾顾到的资料，在这场合里悟性运用这资料不仅为着客观地达到认识，而是主观地生动着认识诸力，因而间接地也用于认识；所以天才本质地建立于那幸运的关系里，这关系是没有科学能讲授也没有勤劳能学习的，以便对于一给予的概念寻找得诸观念，另一方面对这些观念找到准确的

① 大概从来没有人说出过某一更加崇高的东西，或一个思想曾被更崇高地被表达出来过，像在那伊惜斯（Isis 自然母亲）庙上所写的话："我，一切存在的，曾经存在的，将存在的总体，没一个有死的人曾揭开过我的面幕。"赛格耐尔（Segner）曾在他的意义丰富的著作《自然论》书面图版上利用了这观念，以便他准备引入这庙宇的学生先期被这神圣的战栗所充塞，这个战栗调整他的心情进入庄严的注意。——原注

表达。通过这表达,那由于它所用的主观的情调,作为一个概念的伴奏,能够传达给别人。后面这才能本质上即是人们唤作精神的。如果要把那心意里不可名言的东西在某一表象里表现出来和普遍地传达着,这个表现方式可以建立于语言文字,或绘画,或雕塑,这都要求着一种机能来把握想象力很快流逝的活动并且结合在一个概念里,这概念可以让人们不受诸规律的约束而传达着。(这概念正因此是独创性的,并且同时展开了一新的规律,这新的规律是不能从任何一个过去的原理或范本里引申出来的。)

如果在这些分析以后回转到我们前面对人所名为天才所给予的解说,我们就见到:第一点,天才是一种对于艺术的才能,而不是对于科学的,在科学里必须是已被清楚认识了的法则先行着,并规定着它科学里面的手续;第二点,天才作为艺术才能是以一个关于作品作为目的的概念为前提的,因而它是一个悟性,但也是一(尽管是未被规定着的)关于材料,即直观的表象,以便表达出一概念,这也就是一种想象力对于悟性的关系。第三点,不仅是在表现出一规定的概念里实现着那预定的目的,更多地是在表达或表现审美的观念里显示出来——这些审美观念具含着对此目的的丰富的素材——因而使想象力在它的不受规则束缚的自由活动里仍能对我们显示出它对于表现那给予的概念是合目的的。最后第四点,在想象力对于悟性规律性的自由协和里这没意图的、非做作的主观合目的性是以这些机能的一种这样的比例和情调为前提。而这些却不是遵守科学的或机械模仿的规则所能做到,而只有主体的天才禀赋才能产生出来。

按照着这些前提,天才就是:一个主体在他的认识诸机能的自由运用里表现着他的天赋才能的典范式的独创性。

照这个样式,天才的产品(即归属于这产品里的天才而不是由于可能的学习或学校的)是后继者的范例而不是模仿对象,(因为这样那作品上的天才和作品里的精神就消失了)它是对于另一天才唤醒他对于自己独创性的感觉,在艺术里从规则的束缚解放出来,以致艺术自身由此获得一新的规则,通过这个,那才能表现出自己是可以成为典范的。因天才是自然的宠儿,人们把它作为稀有的现象来看待;于是它的型范就对于别的优秀头脑带来学派,这就是说人们从他精神创作里和它们的特性里所能引申出来的法则就构成教学的方法;那美的艺术成了模仿的对象,大自然通过天才给予了法则。

但这种模仿成了抄袭,如果学徒把一切照样仿制,以至于那畸形的东西也仿制下来,这些畸形的东西是天才在创造过程里由于避免削弱他所要表达的观念而不便去掉的。只有在天才那里这种勇气是功绩,而在表现里某些大胆和一些违反常规对他是适宜的,但却不能被照样仿制,并且在自身它永远仍是一个缺点,人们必须设法把它去掉,只有天才好像才有此特权,因他的精神飞腾的不可模仿性将由于这些小心翼翼受到损害。矫揉造作是抄袭的另一形式,即单抄袭那些怪癖特点(独特性),以便使自己尽可能地远远离开那些抄袭家,却又没禀有那才能,能够同时成为典范。固然一般有两种方式来组织所陈述的思想,一种方式唤作样式(审美的方式),另一种唤作方法(逻辑的方式),它们中间相互的区别是在于:第一种除了注重表现里统一的情感外没有别的准则。第二种却在这里面遵循着特定的诸原则。对于美的艺术只有第一种妥当。一个艺术作品只在下列情况里唤作矫揉造作的，如果在它里面它的思想的陈述只着重特异的东西，而不是按照切合于观念来处理的。炫耀的（矫饰的）、弯曲的和不自然的，只为了想把自己和平凡的区别开来，（但没有灵魂）这恰似那一类的行动，如人们所说：他说着、走着、站着、指手画脚，好像在戏台上，准备让人们瞧看。他时时暴露出一个小丑来。

第 50 节　在美术作品里鉴赏力和天才的结合

如果人们提出的问题是：在美术里是显示天才要紧，还是表示鉴赏（趣味）重要，这就等于是问：在美术里面是不是想象力比判断力更重要。但一个艺术就第一点来看宁可以说那只是才气焕发，而就第二点来看，它有资格被称为是一美术品；那么，后者至少作为不可缺的条件在人们评定一个艺术作为美的艺术时首先要被重视的。对于审美观念的丰富和独创性不是那样必要的，而想象力在它的自由活动里适合着悟性的规律性却是必要的。因前者的一切富饶在它的无规律的自由中只能产生无意义的东西，而判断力与此相反，它是那机能，把它们适应于悟性。

鉴赏（口味）和判断力一般是天才的训育（或管束），剪掉天才的飞翼，使它受教养和受磨练。但同时也指导它在那些方面和多么广阔的领域内它能够扩张自己而同时仍在合目的的范围内。又由于它（指鉴赏）把清晰和秩序带进它的思想富饶之内，就会把诸观念结实起来，能够获得持久，同时获得普遍的赞许、后人的继承和永远前进的改善。所以如果在一作品上两种性质的斗争中要牺牲掉一种的话，那就宁可牺牲天才；而这判断力，它在美术事务中从自己的原则有所主张，宁可损及自由和想象力的富饶，而不损及悟性。

所以美的艺术需要想象力、悟性、精神和鉴赏力[①]。

第51节　关于美术的分类

人们能够一般地把美（不论它是自然美还是艺术美）称作审美诸观念的表现：只是在美的艺术里这观念必须通过客体的一概念所引起，而在美的自然里只需单纯地对于一给予的直观的反省——没有关于这对象应该是什么的概念——就是能够唤醒和传达那观念，那个客体将被看作是这观念的表现。

所以我们如果要把美的艺术来分类，我们所能为此选择的最便利的原理，至少就试验来说，莫过于把艺术类比人类在语言里所使用的那种表现方式，以便人们自己尽可能圆满地相互传达它们的诸感觉，不仅是传达他们的概念而已[②]。这种表现建立于文字、表情和音调（发音、姿态、抑扬）。这三种表现形式的联合构成表白者的完满的传达。因思想、直观和感觉将由此结合着，并同时传达给别人。

因此只有三种美术：语言的艺术、造型的艺术和艺术作为诸感

① 前三种机能通过第四种才获致它们的结合。休谟在他的历史著作里使英国人理解，他们在他们的作品里涉及前三种特性的证据分开求看时，不逊于任何民族。但涉及那使三种结合的鉴赏力却不及他的邻邦法国人。——原注

② 读者不应批评美术的这个可能的分类的设计作为是勉强的理论。它只是人们所能和所应设立的许多试验之一。——原注

觉(作为外界感官印象)的自由游戏。人们也可把这个分类二歧法地立出来,即美术分为表现思想的艺术及表现直观的艺术,而后者又按照它们的单纯形式或它们的内容(感觉)来分类。但这样一来,这分类将显得太抽象而不那样切合一般的诸概念。

(一)语言的诸艺术是雄辩术和诗的艺术,雄辩术是悟性的事作为想象力的自由活动来进行;诗的艺术是想象力的自由活动作为悟性的事来执行。

所以演说家揭示的是一事务,而施行出来却好像只是观念的游戏,使听者乐而不倦。诗人说他只是用观念的游戏来使人消遣时光,而结局却于人们的悟性提供了那么多的东西,好像他的目的就是为了这悟性的事。感性与悟性虽然相互不能缺少,它们的结合却不能没有相互间的强制和损害,两种认识机能的结合与谐和必须好像是无意地,自由自在相会合着的,否则那就不是美的艺术。所以在它里面必须避免一切矫揉造作和令人不快的东西;因美术必须在双重意义里是自由的艺术:它既不是一种雇佣的劳动,这劳动的量是让人按照一规定的标准来评定、强迫或付酬的,也不是在这场合里情感固然也参加了活动,但没有见到一别一目标而感到满足和鼓舞的(不顾酬金)。

演说家固然给予了某些预诺范围以外的东西,即令人乐听不倦的观念的游戏,但他也损害了一点他所预诺的东西和他所预告的事务,这就是:那合目的地鼓动悟性的工作。与此相反,诗人许诺的少,且预告他那里是只单纯的观念的自由活动,但贡献出来的却配得上称为那样一种工作,即游戏似的对悟性提供了营养并且通过想象力给予悟性的诸概念以生命;所以基本上给予前者少过

于他所许诺的，而给后者是多过了他所许诺的。

（二）造型的诸艺术或诸观念在感性直观里的表现（不是通过文字所引起的单纯想象力的表象）是或为感性的真实或为感性的假象的艺术。第一种唤作形体的艺术（雕塑），第二种是绘画。两者在空间里创造了表现观念的形象。前者为了两个感官，视觉与触觉，创造形象（虽对于触觉的企图不是在美），后者只为了视觉。在想象力里面两者都植基于美的理念（美的原型），但构成它的表达的形象（模型）是或在形体的扩张里（像对象自身存在的那样子），或像它反映在眼帘里那样（按照它在平面的显示）给予我们，而在前面的场合，或关联到一实在的目的，或仅是这目的的假象构成反思的条件。

隶属于形体艺术作为美的造型艺术的第一类，是雕刻艺术与建筑艺术。雕刻艺术立体地表现着诸物的概念，像它们在自然里存在的那样。（作为美术照顾到审美的合目的性）第二类艺术表现着诸物的概念，这诸物只通过艺术才可能的，而它们的形式不是以自然，而是以一有意的目的为规定基础的，为了这个企图同时也要审美地合目的性地来表现它们。在后者的场合人工的对象之使用是主要事务，审美的诸观念因靠此为条件而受到局限。在前者的场合里主要事务是审美诸观念的单纯表现。所以人神、动物的雕像等等是属于第一类，而寺院，或宅邸，为了公开的集会，或住宅、凯旋门、圆柱、纪念碑和其他等，为了尊崇纪念，是隶属于建筑。甚至于一切家具（木匠的工作等为了使用的），也能归于这一类；因构成一建筑的本质的是一作物切合着某一用途。与此相反，一单纯地为了观赏而造成的雕刻应自身令人愉快，作为形体的表现只是一自然的模仿，但照顾到审美的观念；所以在这里感性的真实不应走过了头以致不再是艺术而显示为矫揉造作的成品。

绘画艺术，作为造型艺术的第二类，把感性的假象技巧地和诸观念结合着来表现，我欲分为自然的美的描绘和自然产物的美的集合。第一种将是真正的绘画艺术，第二种是造园术。因第一种只表现形体的扩张的假象，第二种固然按照着真实来表现形体的扩张，但也只给予了利用的和用于其他目的假象，作为在单纯观照它们的诸形式时想象力的游戏[①]。后者不是别的，只是用同样的多样性，像大自然在我们的直观里所呈现的，来装点园地（草、花、丛林、树木、以至水池、山坡、幽谷），只是另一样地，适合着某一定的观念布置起来的。但这些立体物的集合布置也只是为眼睛看的，像绘画那样；感觉的意识不能获致这类形式的一个真观的表象。我要把人们用壁挂，饰物和一切美丽家具来装点房间也列入绘画，服务于观赏；同样，例如切合趣味的服装（指环、小盒等）。满植花卉的坛，粉饰多彩的厅室（包含妇女的盛装在内）在一个节日里像一幅画，这幅画像真正所谓的画（它们不是以教授历史和自然知识为目的），只是为了观赏而存在的，以便想象力在自由活动中

① 园林艺术能作为一种绘画艺术来看待，好像是令人诧异的，虽然它是立体地来表现它的诸形式的。但它的诸形式既是真实地从自然界里取来的（树木、草、花，从山林及田野取来，至少最初是这样的），因此不像形体艺术只是艺术，也没有关于对象的概念和它的目的（像建筑）作为它们的集合的条件，只是想象力在观照中的自由游戏；因此它就和那单纯审美的绘画——它没有何等特定的主题（空气、土地、水，由光和影有趣地集合着）——在这限度内相一致。读者根本上将把这评定为一种结合各美术于一原理之下的试验，这原理在这时应是审美诸观念的表现的原理（类似一种语言）——而不看作已经作为决定了的它（园艺术）的演绎。——原注

拿诸观念来消遣，并且没有任何特定的目的使审美判断力活动着。一切这些装饰品在机械方面可能很不相同并且需要不同的艺术家；但在这些艺术里什么是美的，鉴赏力的判断对于它的规定却是在一种的方式里，这就是对于诸形式（不顾虑到一个目的），在它们呈现于眼的范围内，单个的或在它们的组合里，按照它们对于想象力所产生的作用来评判。至于造型艺术怎样才能算作一种表情的言语，这就有待下列情况来保证：即艺术家的精神通过形象把他所想的和怎样想的给予了表达，而使事实自己来说话和表情；这是我们的幻想的一种通常的活动，即对无生命的什物按照着它们的形式赋予一个精神，而这精神又从它们诉说出来。

（三）感觉的美的自由活动的艺术（这些感觉从外界产生却必须仍能普遍传达）只能是对于感觉所隶属的感官的不同程度的情调（紧张）间的比例，这就是说那调子的准确把握。在这名词的广义里这种艺术可以分类为听觉的和视觉的诸感觉的自由活动（游戏），从而分类为音乐与色彩艺术。可注意的是：这两种感官除掉对于诸印象的感受性而外——它需要那样多的感觉性，以便由于它们的概念的媒介，获得这些外界的诸对象——还要能够有能力感到与此相结合着的一种感觉，对于这种感觉人们不能确定它是以感官还是以反省为根柢。再者这种感受性有时还能缺去，尽管感官在用于认识客体方面完整无缺而且非常精致。这就是人不能确定地说：一个颜色或一声音（音调）单是快适的感觉，或者自身已经是诸感觉的一个美的游戏。并且作为这个，在审美评判里它在自身带着对于形式的愉快。如果人们考虑到光的振动的速度，或，在第二种里，空气振动的速度，它们大概远远超过了我们下面的这机能，即对那通过它们的时间区分的比例在直接知觉它们时来评定。那么，人们就应相信，只有这些颤动对于我们身体弹性部分的影响才被我们感觉到，那通过它们的时间区分不被注意和加以评定，因此和彩色及音调结合着只有快适而不是它们的结构的美。与此相反，人们首先考虑那数学的关系，即那说明音乐里这些振动的比例和对于它的评定，并且按照着同样的状况评定色彩的对照，其次，人们咨询那些人，——这些人的例子虽少——他们具有最好的视觉却不能区别色彩，具有最锐利的听觉却不能分辨音调。同样，对于能够这样做的人，在对色阶或音阶不同的紧张注意的场合去觉知一个变化的性质（不仅是感觉程度的变化），同样，对于可把捉的差等，它们的数字关系是规定了的，在这场合，人们将被迫见到，这两类的感觉不应看作单纯的感官的印象，而应当看作多数感觉自由活动（游戏）里的形式和对于这形式的评赏所产生的作用。在评定音乐的根基时这一或那一不同的意见，将这样改变着它的定义：即人们或是如我们所已做的，把音乐说明为诸感觉的美的游戏（通过听觉），或说明为快适的诸感觉的自由活动。只有按照第一种说明，音乐才完全作为美的，按照第二种说明，作为快适的艺术（至少一部分）被表象着。

第 52 节　在一个和同一个作品里美的诸艺术的结合

雄辩术能用绘画的表现方式和他的主题和对象在一演剧里，诗和音乐在歌唱里，这歌唱又同时能和一画意的（演剧的）表现在一歌剧里，诸感觉的游戏在一音乐里和形象的游戏在舞蹈里等等结合着。崇高的表现，在它属于美术的范围内时，能在一韵文的悲剧、一教训诗、一圣乐里把自己和美结合起来；并且在这些结合里的美术更是技巧些；至于是否更美些，在某一些场合里是可能的（因有那样多种的愉快相交错着）。但在一切的美术里，本质的东西是成立于形式，这形式是对于观看和评判是合目的地，在这场合快乐同时是修养并调整着精神达到理念，因而使它能容受许多这类的快感与慰乐。不是在感觉（刺激或感动）的质料里单纯地放在享乐上面，在理念里不留下任何东西，使人们精神麻木迟钝，使对象愈过愈令人嫌厌，使人的心意由于意识到对他的理性判断反目的性的情调而使自己不满和生气。

如果美术不是直接或间接结合着道德诸观念，而单独在自身带着一种独立愉快，那么，后者就成为命运的结局了。它们就只供消遣，人们越利用它们来消遣，就越会需要它们，以便驱散心意对于自己的不满，因而人们愈加对自己无益和对自己的不满。一般讲来，大自然对前一企图最适合，如果人们很早就习惯于观察它，评定它和赞美它。

第 53 节　美的诸艺术相互间审美价值的比较

在一切艺术里诗的艺术占着最高的等级（它的根原几乎完全有赖于天才而是极少通过规范的指导，或受范例的指引），它扩张人的心情，通过它使想象力自由活动，并在一给予了的概念的界限内，在可能的与此相协和的诸形式的无限多样性之下，提供那一形式，这形式把表现这概念和一种思想丰富性结合着，对于这思想的丰富性是没有语言的表达能够全部切合的因而提升自己达到诸理念。它加强着人的心情，通过它使这心情感觉着它的自由的、自动的，并于自然规定之外的机能，使它把大自然作为现象按照观察角度来观看和评定，这些观察角度不是大自然从自身提供与感官或在经验中的悟性的，因而把这些观察角度用来作为超感性的东西的图式。诗的艺术随意地用假相游戏着，而不是用这个来欺骗人，因它自己声明它的事是单纯的游戏，虽然这游戏也能被悟性在它的工作里合目的地运用着。雄辩术，在我们了解它是说服人的艺术范围内，这就是运用美的假相来欺骗人的技术，并不单纯是辩才（达辩和文词美妙），它是一种辩论术，它从文学只借用那么多，以便能够笼络人心，使人们在评判之前就对辩者有好感而剥夺了他的评判自由。这是既不能夸荐于法庭，也不能夸荐于说教坛的。因为，如果这里是为了市民的法律，为了每个人的权利或是为了经常的教训，或导引人们正确地认识和严格遵守他们的责任的话，这种辩术就会不符合这些重要任务的庄严性，如果它透露一点点过多的风趣和想象力，令人看出他的游说意图和为了某人的利益来争取人们的话。因为尽管这种辩术自身迄今也常被应用到正当和可赞赏的目的上，仍将由于下列原因它是应被放弃的，即在这样情况里道德原则和人的心术受了损害，虽行为自身客观上是合目的的。做出正当的事，还是不够的，必须从正当的理由来做事。这类人间事务的明晰的概念，和一种在活泼的，举列范例的叙述相结合着，并且不违反语言优美的规则，或理性的观念表达的适当（这些东西合起来构成了辩才），本身已经对人产生足够的影响，不需再加游说的机器了。但是这一切，由于它们也能被使用于丑恶的美化和谬误的隐蔽，不能完全消除人们暗中怀疑它的巧妙安排的策略。在诗的艺术里一切进行得诚实和正直。它自己承认是一运用

想象力提供慰乐的游戏，并想在形式方面和悟性的规律协和一致，并不想通过感性的描写来欺骗和包围悟性。①

在诗的艺术之后我要安放音的艺术，如果我们从事心情的魅力与活动，这种艺术是在语言的艺术里最接近于诗的，因此也很自然地和它相互结合着。因为它固然没有语言而是通过感觉来诉说，从而不像诗留给我们某些从事思想的东西，但它却更丰富多样地激动我们的心情，虽只是一过即逝的，却更深入内心，它固然是享受超过修养（在这里附带引起的思想活动只是机械地联想的作用），根据理性来评定，音乐比其他的诸艺术有较少的价值。所以它像一切享受那样要求着常常变换，不能多次重演而不引起厌倦。它们的可以普遍传达的魅力（刺激），好像就建基在下面：语言的每一个表现关联里面有一种适合着它的意义的调子，这调子或多或少地表示着说话人的一种情感并且相互地也在听的人里引动起来，它（这调子）也在听者里面激引起那观念，这观念在语言里是用这调子表现出来的。并且，像音调的变化对每个人好像是诸感觉的一普遍懂得的语言那样，音乐艺术为自己掌握着这些音调的变

① 我必须承认：一首美丽的诗都会给予我纯粹的愉快，而在阅读罗马的人民或现在议院或教堂里雄辩家最好的演词时，总是时时夹杂着不满的情绪对于他们的欺骗人的技巧。他们把人当作机器，懂得在重大事件里鼓动他们达到一种判断，这种判断经过冷静的思考后将对他们失去一切分量。雄辩术和辩才（合起来演说术）是隶属于美的艺术的。但巧辩的演说家，把他的技巧利用人类的弱点来服务于他的目的（不管这些目的是善意的，或实在是好的，如他们所愿望的那样）是不值得尊重的。并且它们在雅典也在罗马会提升自己达到最高峰，在那一时期，国家已奔向它的没落，真正的爱国思想已经消失。谁在对事务的清楚认识中有力地掌握着语言的丰富和纯洁，在表现他的有能力的想象力里诸观念时，对真正的善用热情关心着，这是无艺术的演说家，但充满着力量，像西塞罗所愿望的那样，但他自己并没有时时忠于这个理想。——原注

化在它们的全面的强调中，作为情感的语言而施行着。并且由此按照着联想的诸规律把那和它们在自然形式里结合着的诸审美的观念传达出来。但，由于那些审美诸观念不是概念和一定的思想，仅是运用这些感觉的组合的形式，(和谐与旋律)来替代一个语言的形式，由它们的比例化的情调的媒介。(这种情调，因它在单调里建基于一定时间里空气振动数的关系，在诸音调同时或相续地联结着，也能数学地归引到一定的法则下面来。)表达出一个不可名言的思想丰富，联系着全体里的审美诸观念，切合着某一定的主题，这主题是在这乐曲里构成统治着的情感的。审美的愉快单单就系于这数学的形式，虽然它不是通过一定的诸概念来表象的，这愉快把那对于这一群相偕或相续的诸感觉的反思和这种(形式的)游戏相结合着作为它的对每个人有效的美的条件。鉴赏仅是按照着它这形式敢于认为有权对每个人预先说出那一(审美)判断。

但是对于音乐所产生的魅力和情感活动，这数学确实是没有丝毫的参与。它仅是那诸印象在它们的结合和变化中的比例，通过这个才能综合地把握它们并且阻止它们相互破坏，而协调成为一相连不断的运动，通过和这些相偕合的情感激动着人们的心意，从而成为一舒畅的自己的享受。

与此相反，如果人们把诸艺术的价值按照着它们对人们的心情所提供的修养来评量，并且把人们认识过程里必须集合起来的诸机能的扩张作为评量标准，那么，音乐就将在诸美术中居最低的位置，因它只是用诸感觉游戏着。(但在那些美术里，这些美术是同时按照它们的舒适性来评价的，音乐大概会占居最高位。)在上面这个观点里，造型诸艺术将远列前茅。因它们把想象力安置在一自由的，却同时适合着悟性的活动里。于是它同时从事一种事业，它完成了一个成品，这成品服务于使悟性的诸概念成为一持久性的和自己自荐的媒介，把它们和感性相结合，从而推动诸高级认识能力的优雅性。两类艺术走着不同的道路：第一种从诸感觉达到不规定的诸观念；第二种却从规定的诸观念达到诸感觉。后者给予持久性的，前者只是流转着的印象。想象力能唤回那些持久性的而和它们舒适地会谈；那些流转着的却会是完全消失掉，或假使它无意地被想象力重复着，它们会使我厌烦多过于舒服。此外，在音乐上系着有某一定的谦让性的缺乏，因它常常按照它们的乐器的性质扩大着它们的影响，超过人们所需求的（例如对于邻人的干扰），因而像是强迫人接受，损害着音乐会以外的人的自由。那些只对人眼睛说话的诸艺术不干这些事。如果人们不愿接受它们的印象，只要把眼睛转开就行了。这里几乎像人们由于一种散播着的香味所感触到的那样。谁把洒了香水的手帕从口袋里取了出来向四周邻人挥动，当他们呼吸空气时，不得不同时被迫享受这个香味。这个作风现在不时髦了。[①]

在造型艺术里我将给绘画以优先位置：一部分因它作为线描艺术构成一切其他造型艺术的基础；一部分因它能深深钻进诸观念的领域，并能把直观的分野适应着这些观念更加扩大，超过其他艺术所能达到的。

① 有人对于家庭的信仰演习也推荐人们唱宗教歌，他没想到他对于公众通过这样一种喧闹的（正由此一般是伪信的）敬仰加上了一种沉重的负担，他强使邻人参加唱歌或放下他们的事务。——原注

第54节　注解

我们已经屡次指出，在单纯的评判里令我愉快满足的，和使我快乐的（只在感觉里给予满足的）之间，是存在着一本质的差异。后者是不能像前者那样，可以推断别人的同意的。快乐（它的原因可能也存在于诸观念里面）好像时时建立于促进人类整个生活的，因而也是身体的适意，即健康的一种情感里。所以伊壁鸠鲁认为一切的快乐基本上是对于肉体的感觉，在这范围内大概可能不为无理，只是他自己误解了，当他把智性的，甚至实践的愉快也算进快乐之内。如果人们把后面的差异放在眼前，人们就可对自己解说，怎么一个快乐对于感受它的也会令人不愉快（像一个贫乏的，但思想正直的人对于爱他而又俭啬的父亲留给他的遗产）或像一个深沉的苦痛对于感受它的人仍能给予满意（一寡妇对于她的功绩很多的丈夫死亡的悲哀），或一快乐在快乐外仍能令人满意（像我们对于我们所搞的科学），或一痛苦（例如憎恶、嫉妒及复仇欲等）在痛苦之外又令人对此不满。愉快及不快在此是建基于理性而是和认可与否认同义。快乐及痛苦都只能建基于情感，或一对于可能的健康或不健康的眺望（不管那是根据什么理由）。

一切感觉的变化的自由的游戏（它们没有任何目的作根柢）使人快乐，因它促进着健康的感觉；不管我们对于它的对象以及这快乐自身在理性的评判里是满意还是不满。而且这快乐可以上升到激情，尽管我们对于这对象自身没有任何兴趣，至少没有和后者的程度比例相称的兴趣。我们可以把它们分类为赌博的游戏，音乐及思想的游戏。第一种要求着一种兴趣，它是虚荣心的或利己心的，这些兴趣根本不那么大，像我们对于怎样获致它们的方式的兴趣那样大。第二种只要求着诸感觉的变化，这些感觉里的每一感觉具有它对激情的关系而又没有一激情的强度和刺激诸审美的兴趣观念。第三种单纯起源于判断力里诸表象变化，通过这个固然没产生任何一自身带来利益感的思想，但心意却仍被兴奋着。

我们一切的晚会指示出：诸游戏节目必须怎样地娱乐我们，而人们在此不需有任何实际利益的意图安置于根柢之上。因没有游戏节目的晚会几乎令人不能消遣。但希望、恐怖、喜悦、愤怒、轻蔑等感情在这里活动着，每一瞬间交换着他们的角色，是那样地活泼，好像通过它们作为内面的运动促进了身体内全部的生活机能。一种由此产生的心情的舒畅证明了这一点，尽管在这些游戏里无所获也没学习到什么。但赌博不是美的游戏，我们在此不去谈它。与此相反，音乐和引起欢笑的资料是两种具有审美诸观念的游戏，或者那些结果没有什么思想收获的悟性诸表象，只是由于它们的变化仍能活跃地娱乐我们。我们可以清楚地看出，在两种场合里的生气刺激仅是肉体上的，虽然它们是由心意里的诸观念引动来的。那通过一种照应着那游戏的内脏活动的健康感构成了这兴奋的晚会所赞赏为那么高尚机智的娱乐。并不是音乐里和谐或机智风趣的评判——这是和着它们的美共同服务于必要的媒介——而是那肉体内被促进的机能，推动内脏及横膈膜的感觉，一句话说来，就是康健的感觉（这感觉在没有这种机缘时是不能察觉的）构成了娱乐。在这里人们也见到精神协助了肉体，能够成为肉体的医疗者。

在音乐里这种活动从肉体的感觉走向审美诸观念（作为情感

的诸对象),又从这里走回头,但用集合了的力量对于肉体。在谐谑里(它像音乐一样比起舒适的艺术来宁可算进美的艺术里)从思想的游戏开始,这些思想全部在它们要感性地表现出来的限度内,也关系着肉体。当悟性在这个表现历程里没有见到它所期待的东西,突然停歇了活动,于是他就在肉体内通过诸脏器的振动感觉到这停歇的效果,从而促进了它们的平衡的恢复而对健康具有一种良好影响。

在一切引起活泼的撼动人的大笑里必须有某种荒谬背理的东西存在着。(对于这些东西自身,悟性是不会有何种愉快的)。笑是一种从紧张的期待突然转化为虚无的感情。正是这一对于悟性绝不愉快的转化却间接地在一瞬间极活跃地引起欢快之感。所以这原因必须是成立于表象对于身体和它们的相互作用对于心意的影响。并且不是在表象客观地是一享乐对象的范围内(因为一个被欺骗的期待怎能享乐?),而只是由于它作为诸表象的单纯游戏在身体内产生着生活诸力的一种平衡。

如果某人述着:一个印第安人在苏拉泰(印度地名)一英国人的筵席上看见一个坛子打开时,啤酒化为泡沫喷出,大声惊呼不已,待英人问他有何可惊之事时,他指着酒坛说:我并不是惊讶那些泡沫怎样出来的,而是它们怎样搞进去的。我们听了就会大笑,而且使我们真正开心。并不是认为我们自己比这个无知的人更聪明些,也不是因为在这里面悟性让我们觉察着令人满意的东西,而是由于我们的紧张的期待突然消失于虚无。或是一位接受了富亲戚遗产的人想替他的出丧大大地庄严一下,而抱怨他未能做到,他说:我给送丧的人夫钱要他们哭丧着脸,不料给钱越多,他们表现得越高兴。我们听了大笑,原因也是,一种期待突然转化为虚无。人们都必须注意,这里不会是期待的东西转化为积极性的对立面——因那总是某物并常常会使人不快——而是必须转化到虚无的。因为如果谁人用他的讲故事引起我们大的期待,而我们在结局里立刻见到它的虚伪性,那就会使我们不满,例如他讲人在一夜之中因忧愁白了头发。与此相反,假使有一位恶作剧者对付这类故事而细致地叙述一个商人从印度携带他的全部商品返回欧洲,海洋里遇到大风暴,眼看他的全部商品不能不一一投到海里去,他这样气愤忧急,以致在当天晚上他的假发变成灰色:我们就会哄堂大笑而且高兴,因为我们把我们自己的对于一个原来与我们并不相干的事件的错误的把握,或甚至于把我们追踪的观念,像皮球那样暂时间打来打去,在这场合里我们单纯地以为抓住了它和紧紧地握住了它。在这里不是对付一个说谎者或一愚人,揭穿了他们的真面目而使我们愉快:因这后面这个装着严肃面孔讲述的故事就会引动一群人的哄笑。而前面那故事通常也不值得人们的注意。

可注意的是:在一切这些场合里那谐谑常须内里含有某些东西能够在一刹那里眩惑着人;因此,如果那假相化为虚无,心意再度回顾,以便再一次把它试一试,并且这样的通过急速继起的紧张和弛缓置于来回动荡的状态:这动荡,好像弦的引张,反跳急剧地实现着,必然产生一种心意的振动,并且惹起一与它谐和着的内在的肉体的运动,这运动不受意志控制地向前继续着,并产生疲乏,同时却也有一种精神的兴奋(适于健康运动的效果)。

因为如果人们认为,和我们的一切的思想在一起同时有任何一在身体诸器官里的运动和谐地结合着,那么,人们将大致这样理解：像那种把心意突然地放置在那一个或这一个立场上来观察它的对象，我们五脏里弹性各部分一种相互间的紧张和放松，传达给横膈膜，能和它照应着。（像怕痒的人们所感到的那样）：在这里肺部把空气用急速的相续的呼吸吐出去，从而生起对健康有益的运动。单独这运动，而不是那在心意所现行的，是对于一思想的愉悦的真正的原因，这思想在根本上不表象什么。伏尔泰说，天曾赋予我们两件东西来抵抗生活里许多的苦难，即：希望和睡眠。他应能把笑也列进去；假使在有理智的人那里激引起它（笑）的手段只要那样容易在手边，假使所需的机智或独创气氛不那么缺少，像常常才能那样，伤脑筋像神秘的瞑想家，伤生命像天才，或伤心脏像感伤的小说家（乃至如此这般的道德主义者）那样来做诗。

所以人们可以，我想，承认伊壁鸠鲁的说法：一切的愉快，即使是通过那些唤醒审美诸观念的概念所催起来的，仍是动物性的，即肉体的感觉。然而并不由此损及那对于道德诸观念尊敬的精神感情，这感情不是愉乐，而是一种自我尊敬（是在我内里的人类性的），它提高我们超出愉乐需求之上去，啊！甚至于对较不高尚的鉴赏趣味也绝无所损。

从二者组合起来的某一物表现在素朴性里面，这是人类本源的天真的正直感抗拒那成了第二天性的伪装术。人们讥笑那不懂伪装自己的单纯性；却仍然喜爱自然界的纯朴性，这纯朴性在这里抹去了那技巧。人们期待着日常的伪装的风习和小心翼翼地为了美的外观而作出的表示；但看呀！那里是无垢的天真的自然，人们猝然无意地遇见它，当人们看到它时，本无意于显露它。而那美丽的，伪装的假相，它通常在我们的判断中颇具意义的，突然化为虚无，好像是我们内心里的骗子被揭发了，遂引起心情的波动相继地趋向两个相反的方向，而同时有益地震撼着我们的躯体。又由于某些无限优越于一切人为的风习的东西，思想心术的纯真性（至少它的因素）在人类的本性里仍未曾完全绝灭，遂在这一判断力的活动中糅合着严肃性和尊敬。因那只在短时间内突现出的现象，而伪装术很快就被揭穿，所以同时就有一种惋惜混和在里面；那是一种温柔的感动，它作为游戏很能和一种这样好心肠的笑结合起来并且事实上通常也和它结合着，同时也对那位提供了素材而又由于未能按照人的样式来诙谐因而自己感到狼狈不安的人赋予了补偿。所以一技术而表示天真纯朴，这本是一个矛盾。但在一虚构的人物里表现纯朴性，是很可能的，并且是美的，虽然是稀少的艺术。率直的坦诚不可与素朴性混为一谈。他所以未把他的天性伪装，因他尚未懂得社会技术。

使人活泼的，类似笑的愉悦并且属于精神的独创性，——正因此不隶属于美的艺术的才能的——还有洒落的态度可以列入这一类。在好的意义里的洒落就指的那种才能，它能够有意识地设身处地到某一定的心的倾向里，在此一种心意的情调里一切事物完全异于通常地（甚至于相反地）被评判着，却仍是按照着某一定的理性原理。谁人无意识地服从了这种变化，他就是洒落的。但谁故意并且合目的地（为了一种活泼的叙述运用一种引起哄笑的对照）采取了这个，他和他的表演就是风趣的。这种态度因此宁是隶属于舒适的艺术较多于美的艺术。美的艺术的对象总须在自身显示某种庄严性因而在叙述里有一定的严肃，正如鉴赏趣味在评判里所要求着的那样。

第二部分　审美判断力的辩证论

第55节

一个判断力，如果它应是辩证的话，就须先是论议的；这就是说它的诸判断必须提出对于普遍性[①]，并且是先验地的权利的要求：因为在这类判断的对立中存立着辩证法。所以审美的感性的诸判断（关于舒适的及不舒适的）之间的不协合一致是非辩证的。就是每个人基于他自己趣味所下的诸鉴赏判断之间的对立也不构成鉴赏的辩证法，因没有人想使他的判断成为普遍的法则。所以不余下任何涉及鉴赏的辩证的概念，除非是鉴赏批判的（不是鉴赏自身的）关涉着它的诸原理的辩证法：因在这场合对于鉴赏诸判断的一般的可能性的根据有相互对立的诸概念在自然的及不可避免的样式里出现。所以鉴赏的先验的批判只有在下列范围内包含着领有审美判断力辩证论名称的一部分：如果存在着这个机能的诸原理的一个"二律背反"，这二律背反使这机能的规律性，也就是它的内在的可能性成为可疑的。

① 每一表示自己为普遍性的判断能唤作议论性的判断。因在这限度内它能在一个理性的推理里面用作第一前提。与此相反，一理性判断（indicium raxiocinans）能唤作议论性判断，只当它作为理性推理里一个结论，从而作为具有先验的根据而被思考着的。——原注

第 56 节　鉴赏的二律背反的提示

鉴赏的第一种的常套语就是下面的一句话：每个人有他自己的鉴赏（趣味），每个没有鉴赏的人常拿这句话来抵抗别人谴责。这就是等于说：这个判断的规定的根据只是主观的（愉快或苦痛）；因而没有权利要求别人的必然的赞同。

第二种常套语是：关于鉴赏，是不能让人辩论的。这就等于说：一个鉴赏判断的规定根据固然可能也是客观的，但它不能纳入一定的概念里面来：从而关于这判断自身不能通过验证来决定，尽管对于它很可以，并且有理由来争吵一下。因争吵和辩论固然在这一点里是一致的，这就是它们想通过相互间的判断的对立来找到一致的意见，但又在下面这点上不同，即后者（辩论）希望按照一定的概念作为论证根据来达成意见的一致，从而假定客观的概念作为判断的根据。在此事被认为不可能的场合，辩论也就不可能了。

人们容易看出，在这两种常套语之间缺少一个命题，这命题固然不是像谚语流行着，但仍是存在每个人的意念中，这就是：关于鉴赏可以容人争吵。（虽然不能辩论）。这个命题却含着第一前提的反对面。因关于争吵的对象，必须希望先能达到一致；从而人们必须能够依凭判断的根据，而这根据不仅仅具有私人的有效性，即不仅仅是主观的；对于这一层另外那个命题和它正相对立，这就是：每个人有他的自己的鉴赏。

所以关涉到鉴赏的原理显示下面的二律背反：

（一）正命题　鉴赏不植基于诸概念，因否则即可容人对它辩论（通过论证来决定）。

（二）反命题　鉴赏判断植基于诸概念；因否则，尽管它们中间有相违异点，也就不能有争吵（即要求别人对此判断必然同意）。

第 57 节　鉴赏判断的二律背反之解决

放置在每个鉴赏判断的根柢上的诸原理的冲突（它们不是别的，只是在前面的分析里所表象的鉴赏判断的两种特性）没有可能来解决，除非人们指出：人们在这类判断里把对象所联系到的概念，在审美判断的两种原则里不是采取同一的意义；这种双重意义或评判的角度对我们的先验的判断力是必然的；但是那个假相，即：这一种和那一种混和着，作为天然的幻觉，也是不可避免的。

鉴赏判断是必然联系到任何一概念上去的；因否则它就绝不能提出对每个人必然有效的要求。但它又不应从一个概念来证出，因一个概念或是能规定的，或是在自身无规定的，也同时是不能规定的。前一种是悟性概念，它是能通过那感性直观的宾词——这直观能和它相应着——来规定的。第二种却是那超感性界的先验的理性概念——它构成一切那种直观的根柢——所以它是不再能理论地的来规定的。

但鉴赏判断是面向感官的对象，而不是为悟性来规定这感官对象的一个概念；因它不是认识判断。因此它只是一私人的判断，作为联系到愉快的情感的直观的单人的表象。并且在这限度内按照着它的有效性来说将只能局限于下判断的主体之内：对象对于我是一愉快的对象，对于别人可能是另样的，——每个人有他的鉴赏。

尽管这样，在鉴赏判断里却无疑包蕴着一种客体的（同时也是主体的）表象的扩大了的关系，根据这种关系我们把这类判断放宽到作为对每个人是必然的：所以必须有任何一个概念必然地作它的根基；但这是一概念，它完全不得让人通过直观来规定，不能让人认识，因而也不能用来论证那鉴赏判断。这样一种概念却是那单纯的纯粹的关于超感性界的理性概念，它对于那作为感性客体的对象（并且也对于下判断的主体），因而作为现象，它是根基。因为人们若不回顾到这一点，那么，鉴赏判断对于普通有效性的要求就无法挽救了。假使所根基的概念只是一混乱不清的悟性概念，例如完满性，人们可能赋予一美的感性的直观以与之相照应，那么，至少在本身有可能，把那鉴赏判断筑基于论证，而与正命题相对抗着。

但是一切的矛盾将会消失掉，如果我说：鉴赏判断建基于一个概念（即那对于判断力来说，它是自然界的主观的合目性的一般根据的概念），但从这里面不能有关于客体的认识和证明，因这概念在自身是不能规定的，不能服务于认识；但正是通过它同时获得对每个人的有效性，（在每个人那里固然是作为单个的，直接陪伴着直观的判断）：因它的规定根据大概存立于关于它的概念里，而这个能被看待作人类的超感性的基体。

二律背反可能解开的关键是基于两个就假相来看是相互对立的命题，在事实上却并不相矛盾，而是能够相并存立，虽然要说明它的概念的可能性是超越了我们认识能力的。至于这个假相也是自然而然地，它对人类理性是不可避免的，以及何以有这假相，并且停留为这假相——即使在这假相的矛盾解开以后它不再蒙蔽人的时候——是从这里也能被理解的了。

因我们在两个相对立的判断里把这个概念——一个判断的普遍有效性必须建基于这概念上——理解在一个同一的意义里，而从它却说出两个相对立的宾词来。在正命题里因此应该说：鉴赏判断不建基于规定的概念上；而在反命题里却说：鉴赏判断仍旧是建基于一个——尽管是未规定的——概念上（即诸现象的超感性的基体的概念），这样一来，在这两相对立的判断之间就没有矛盾了。

我们对鉴赏里这种要求权和反要求权相对立的弃扬，超过这限度就非我们所能为力的了。鉴赏的一个一定的客观的原理，按照着这原理那些判断能够被领导，被检查和被证明，这是绝对不可能有的。因为在这场合那就不是鉴赏判断了。只有这主观原理，即在我们内心里那超感性的不规定的观念，能够作为解释这对我们隐藏着它的源泉的机能的谜的钥匙。而我们无从再进一步去理解它了。

这里提出来的和解决了的“二律背反”，是以那正确的鉴赏的概念——即作为一个单纯的反省着的审美判断力的概念——为基础。在这里两个似乎相对立的原理相互协合起来，两者都能是真实的，这也足够了。与此相反，假使人们认为鉴赏的规定根据（由于作为鉴赏根基的表象的单个性质）是快适性，像有些人这样做、或像别的人（由于这鉴赏判断的普遍有效性）认为是完满性原理，而按照这个来下鉴赏的定义；于是从这里产生一种绝不能调和的二律背反，以至于人们指出双方相互对抗的命题（而不仅是矛盾的）都是假的，然后证明，每一个命题所根基的概念是自相矛盾的。

所以人们看出，审美判断力里二律背反解决的道路是和那纯粹理论理性里的二律背反解决的道路是相似的。并且同样像在这里，在实践理性批判里的诸二律背反违反着意愿迫使人眺望到感性界以上去，在超感性界里寻找我们一切先验机能的结合归一之点：因没有别的出路可以使理性和它自己协合一致。

注释一

在先验哲学里我们既已常有机会区别观念与悟性诸概念，那么，按照着它们的区别引进相适合的技巧的表达，这也将是有益的事。我相信，人们将不会反对我提出几个来。在最广泛的意义里，诸观念是按照某一定的（主观的或客观的）原理联系到一个对象上的诸表象，却在它们永不能成为它（指对象）的一种认识的限度内。它们或是按照着认识诸机能（想象力与悟性）相互间协合一致联系到直观上的单纯主观原理：这就会唤作审美的（诸观念），或是按照着一客观原理联系到一概念，但仍永不能提供对象的认识，并且唤作诸观念。在这场合概念是一先验的概念，它区别于悟性概念。对于悟性概念时时有一切合地相照应的经验作它的根柢，因此它唤作内在的。

一个审美的观念不能成为认识，因它是一（想象力的）直观，永不能找到一个和它切合的概念。一个理性观念永不能成为认识，因为它包含着一个概念（关于超感性界的），却永不能赋予一个直观能和它相适合。

现在我相信，人们能称呼审美观念为一个不能解说的想象力的表象，理性观念却为一不能证明的理性的概念。两者的前提是，它们绝不是无根柢的，而是（按照前面所已说明的观念一般）适合着它们所隶属的认识诸机能的某些一定的原理而产生出来的。

悟性的概念作为悟性概念应随时能予以证明（如果我们理解“证明”像在解剖学里那样只是那表明）；这就是和它们（悟性诸概念）相照应着的对象必须随时能在直观里（纯粹的或经验的直观）被给予着：因为只有通过这个它们才能成为知识。大的概念能在先验的空间直观，例如一条直线等等里被赋予。原因的概念在“不可侵入性”，物体的冲击等等里面被赋予。因此两者能够通过一经验的直观来证实，这就是关于它的那思想将在一范例中得到指证（证明、指出）。而这一层必须做到：否则人们不能确定那思想是否空洞无物，这就是说没有一切的客体。

人们在逻辑里面运用**可证的**及**不可证的**这些名词一般只在涉及命题的范围内：因前者更好是通过那些只是间接的，后者是直接确定的命题来称呼它们。纯粹哲学也具有这两类的命题，如果我们在它们里面理解为可论证的和不可论证的真实的诸命题。但由于先验的根据它作为哲学固然能论证，但不能证明；如果人们不顾完全离开名词的意义的话，按照字义证明就是等于说，把他的概念同时在直观里表达出来（不论在论证里或仅是在界说里）。如果那是先验的直观，就唤作它的构成，但是它如果也是经验的，这就是提示客体，使概念通过这个保证了客观的现实性。所以人们说到一个解剖家：他证明了人的眼睛，如果他把他在先前讲述的概念，通过这器官的解剖直观地表示出来。

据此，一切现象里超感性基体的理性概念，或，作为我们的意志联系到道德诸规律的基础的理性概念，即关于先验的自由的，按照它的种类是一不可证明的概念，而理性观念，道德却只是在程度上如此；因对于前者自身完全没有按照性质上在经验界里相照应的东西能够被给予，而在后者里面没有那因果性里的经验产物达到那个程度，这程度是理性观念制定为法则的。

就像在一个理性观念上这想象力和它的诸直观不达到那被赋予的概念一样：在一个审美观念上悟性通过它的诸概念永不能企及想象力的全部的内在的直观，这想象力把这直观和一被赋予的表象结合着。但把想象力的一个表象归引到概念就等于是说把它曝示出来：那么，审美观念就可称呼为想象力（在自由活动里）一个不可表明出来的表象。关于这一类诸观念我在以后还要有机会发挥一下。现在我只提示一下：两种概念，理性观念及审美的观念，都必须有它们的原理，而且两者都在理性里面有它们的运用，前者在客观的，后者在主观的理性里。

据此，人们也可以用审美观念的机能来解释天才：同时由此指出根由，何以在天才的产品里是（主体的）自然（天赋），不是一熟虑的目的给予艺术（产生出美来的艺术）以法则。因美必须不按照概念来评定，而是按照想象力和概念机能一般相一致时的合目的性的情调来评定的。因此，不是法规和训示，而只是那在主体里的自然（本性），不能被把握在法规或概念之下。这就是一切它的诸机能的超感性的基体，（这是没有悟性概念能达到的）从而是那一某物，即我们把一切的认识诸机能在对向它的联系中协调起来，是最后的通过我们的本性里的智性所赋予的目的。它（这某一物）构成那美术里美学的，但绝对合目的性的主观性准则，因而这美术应使人有权利提出每个人都能欣赏的要求。只是这样才有可能，对于美术人们不能制定任何一客观原则，却有一主观性的，而仍是普通有效的先验原理作它的基础。

注释二

在这里自己引起下列的重要的注意点：即纯粹理性有三类的二律背反，而这三类在下面这一点上是共同一致的，这就是它们强制理性从那极自然的前提——把感官的对象认为是诸物自身——脱开，而且进一步把它们只作为现象来看待，并且在它们的根基上安置下一个智性的基体（某种超感性的东西，对于它的概念只是观念，不提供真正的认识）。没有一个这样的二律背反，理性是不肯下决心承认一个那样限制着它的玄想活动领域的原理并牺牲它的许多灿烂动人的希望。因为甚至在目前这情况里，当它的损失因在实践方面获得更广泛的利用以为赔偿的场合，它（理性）似乎仍未免含痛地放弃它的那些希望和摆脱那古旧的系念。

至于有三类的二律背反，理由是有三种认识机能：悟性、判断力和理性，每一种（作为高级的认识机能）必须有它的先验原理；因理性，当它评判这些原理和它们的运用时，对赋予了的被制约的对象不断地要求着那无制约的（绝对的）东西，而这个却是永不能找到的，如果人们把感性的东西看作是属于物自身，而不是把它看作单纯的现象，把某种超感性的东西（在我们之外和在我们之内的自然界的智性的基体）作为物自体安置在它的根基上。这样一来，就有：（一）对于认识机能一种理性的二律背反在悟性的理论运用中一直高升到无制约的东西。（二）对于愉快及不快的情绪一种二律背反在判断力的审美运用里。（三）对于欲求机能的一种二律背反在自己给自己规律的理性的实践运用里。在限度内一切这些机能有它们的先验的高级原理，并适应着理性的一个不可回避的要求，也必须能够按照着这些原理无条件地来下评判和规定它们的对象。

就理论的和实践的运用中的高级认识机能里两种二律背反来看，它们的不可避免性我们在别处已经指出过了，假使这类判断不回顾到那些所给予的作为现象的客体中一个超感性的基体的话。与此相反，假使回顾到这个基体，也就能解决这二律背反。至于关涉到判断力的运用中适应着理性要求的二律背反和它的解决，就没有别的办法来躲避它，除非是：或者否认审美的鉴赏判断有任何一先验原理作它的基础，所提出的一切关于普遍同意的必然性的要求是空洞的妄想，一个鉴赏判断只在这下面限度内能够认为是正确的，即(一)因为有许多人对于它一致，而这个一致实际上并不是推测在这一致同意的背后有一先验原理，而是(像味觉那样)由于各主体偶然地在生理上有同样的组织；(二)或是人们必须假设，鉴赏判断实际上是一隐蔽的理性判断对于一事物上的和在它里面的多样性的关系里发见的符合目的的完满性，因而只是为了由于我们这种反思里的混乱性而称它作审美的，尽管它在根基上是合目的性的：在这场合人们就能够认为通过先验的诸观念来解决那二律背反是不需要或空虚的，并且这样就能把感性的诸客体不作为单纯的现象，而也作为物的自体来和那些鉴赏诸规律相结合。这一个和那一个解释是多么地不中用，我们在别处解说鉴赏判断的时候已指出过了。

如果人们对于我们的演绎承认我们至少是走在正确的路上，

尽管还没有在一切部分足够明朗的话，那么，就展现了三个观念：第一个是超感性一般的观念，而没有对它作为自然界的基体来进一步作下规定。第二个是仍是这超感性界的观念，它作为对于我们的认识能力的自然界的主观合目的性原理。第三个仍是这一观念，却作为自由的诸目的的原理和它们和道德里诸自由的目的协合一致的原理。

第58节　关于自然的和艺术的合目的性的唯心主义，作为审美判断力的普遍原理

人们能够首先把鉴赏的原理安放在这里面，即：鉴赏时时是按照着经验的规定根据，也就只是后天的通过感官所赋予的。或者人们可以承认：鉴赏是由于先验的根基来下判断的。前者将是鉴赏批判里的经验主义，后者是唯理主义。按照前者我们的愉快的对象将不能从舒适，按照后者——假使那判断是建基于规定的概念上的话——将不能和善区别开来。这样一来，一切的美将从世界里否定掉，而只剩下一特殊的名词来代替它，指谓着前面所称的两种愉快的某一种混合物。但是我们已经指出过，愉快的先验的根基也是有的，这些根基能和唯理主义的原理并存着，尽管它们不能被把握在一定的概念里面。

鉴赏原理里的唯理主义却是与此相反，它或是合目的性底现实主义或是合目的性底唯心主义。现在因一鉴赏判断不是认识判断，美就自身来看不是物的属性，所以鉴赏原理里的唯理主义永远不能建立于：把这判断里的合目的性思考为客观的，这就是说这判断是理论的，因而也是逻辑性的（尽管只是在一混乱的评定里），关

涉到对象的完满性。因而它只能是审美性质的,即是关涉到它的表象在主体的想象力里和那判断力的一般主要原理相一致的场合。因此即使按照唯理主义的原理鉴赏判断与它的现实主义和唯心主义的区别只能安置在下述里面:或是在第一种场合里的那个主观合目的性作为实在的(有意的),自然或艺术的目的和我们的想象力协合一致,或是在第二种场合里只是作为一种没有目的而从自身和在偶然的方式里表现出来的对于判断力的需要所假定的一致,就自然和它的按照特殊的诸规律产生出的诸形式的场合。

关于自然界的美的合目的性的现实,那有机性的大自然里的诸美的造型已予表明。人们假定美的产生是有一个美的观念存于产生出它的原因里,即有一个目的作基础,这是适合着我们的想象力的。花、卉,全部草木的形象,那些对于他们的自身的利用上并不需要,而对于我们的鉴赏却好像是挑选出来的各种动物形体构造的优美,尤其是对我们的眼睛那么舒适和有魅力的多样性和颜色的和谐的组合(在雉、壳类,昆虫以至于普通的花草上面)。这些东西,它们只是涉及表皮的,并且就在这上面也还不涉及生物的形体自身——这形体对于内部的诸目的是必要的——它们好像是完全以外面形象的观照作它们的目的——这却给予我们的理解方式,即对于我们的审美判断力,假定着自然界有真实目的这事,增加了大的重量。

与此相反,反抗着这种假定的不仅是理性通过它的原则:在各种场合尽可能地防止诸原理的不需要的复杂化;而是大自然在它的自由的构造里处处表示出那么多的生产诸形式的机械的倾向,这些形式好像是为了我们的判断力的审美的使用而制造的,却不

提供最少的根据来使我们推测：在单纯的自然外，还需要某些比它的机械关系更多的东西，按照着这个它也能够没有一切存于它的基础里的观念对于我们的评判仍是合目的性的。我们理解的大自然的一个**自由**的**构造**就是**这个**：通过它从一在静止状态中的液体由于它的一部分的发散或解离时（这部分往往单是热质）剩下的东西在凝结之际采取一个一定的形体或组成（形象或组织），这形体是按照物质的种别而相异，在同一物质里却正准确地是同一形体。但在此场合先要假定的前提是：人们所理解的真正的液体，即物质在它里面完全溶解掉的，这就是说不看作是一单纯的固体和在那里面一些仅是飘浮着的部分的混合物。

这形成的过程是通过急剧的凝固，不是经过一种从液体到固体的逐渐的转移而宁是通过飞跃，这个转移也能唤作结晶化。这类形成过程的通常的例子就是水的冻结，在这里面先产生笔直的冰线，它们在六十度角度里结集起来，每一根这样的冰线结合到另一根的每一点上，达到一切都成了冰，以至于在这时间内介于诸冰线中间的水不是逐渐地变硬，而是那样完全是液体，好像它在更大些的温度的场合里将成为的那样，却仍是具着完全的冰的冷度。那在变硬的瞬间突然散走的解离的物质，是热质的一可观的量，它的散失，——因为只需要它成为液状的——使现在的这冰绝不比以前在它里面的水更寒冷些。

许多盐类，同样有许多矿石类，具有结晶形，也正是由一种在水里溶解的矿质产生的，不知是通过何种的媒介。同样地，许多矿坑里的结晶的形成，如硫化铅矿，硫砒银矿等等，据推测也是在水里通过各部分的集合：它们由于某一种原因被迫离开这溶剂而相互结合到一定的外形里。

但一切物质，当它们单纯通过热度成为液状又通过冷却取得固体的时候，也在破裂地方内部表现着一定的组织。并且由此可以断定，假使不是它自己的重量或空气的接触阻止着，它在外表也会表出它的种别的特异的形态：同样，人们在某一些金属上观察到：它们在溶解后外表凝固了，内里却仍是液状。通过流出了内部的液状部分，剩下的内部残存部分徐徐地晶化。很多那种矿物结晶体，如坭石、血石、霰石等常常表现出非常美的形象，像艺术所梦想追索的；而安提巴洛斯岛上钟乳洞里的光彩只是透过石膏岩壁滴水所成就的呀！

液状的东西看起来一般是古老于固形的东西，植物的和动物的躯体是从液状的营养物质形成的，当这流动物质在静止状态时，固然在后者形态里首先是按照着某种一定的本源上归向目的的因素（这因素，像在本书第二部里所指出的，它不是审美的，而是必须目的论地按照现实主义的原理来制定的）；但此外仍是大概也依着物质间亲属关系的一般规律结晶着，并且在自由里构成自己。就像在一大气里——这是各异的空气种类的混合物——溶解了的诸水分，如果它们由于热的散放而和大气分离，就产生雪的结晶形，依照着当时空气混和的各异而现出常常是很技巧的并且非常美的形状来：所以不违反着对有机体判定中的目的论原理，我们完全可以设想：关于花卉的、羽毛的、贝壳的美，按照着它们的色彩和形状，这一切我们可以认为是大自然和它的机能，在它的自由中没有特别为此的目的，按照着化学的规律，通过沉淀。即对有机体的构成所必须的物质，也审美地——合目的性地来造型。

关于大自然中的美里面的合目的性的观念性的原理，作为那我们在审美判断自身中，时时设定为基础的原理，不容许我们把它作为目的的现实性来对我们的表象力当作理解的根据来运用，来证明：它是我们在对美一般的评定中在我们自身里寻找它的先验的准则，而审美判断力在涉及判断里指出是美还是不美时自己立法着，而这是在假定自然的合目的性的现实论的场合所不能有的。因在这场合我们必须从自然学习什么是我们应认为美的，那么鉴赏判断就服从着经验的诸原理。在这样一种评定中要点不是：什么是自然，或什么对我们是目的，而是我们怎样地来受容它。那将永远是大自然的一个客观的合目的性，如果它为了我们的愉快构成它的诸形式，并且不是一个主观的合目的性，这主观合目的性是建基于想象力在自由中的活动。这就不是自然对我们表示的恩宠，而是我们容受自然所表示的恩宠。自然的那种性质，它给予我们机会，在评定某一些成品时知觉到我们的心意诸力的关系里内在的合目的性，并且作为这样一种从内在合目的性，超感性的根原来说明为必然的和普遍有效的，它不能是自然的目的，或宁可说是被我们作为一个这样自然目的来判定着：因为否则那由此规定的判断将是以他律性，而不是自由的和以自律性为基础，像适合于鉴赏判断那样。

在美的艺术里合目的性的观念论的原理能够更清楚地被认出。因为在这里不能设定它（合目的性）是通过诸感觉的审美的现实主义（在这场合它只成为应用艺术，代替着美的艺术）：这点它是和美的自然共同的。但是至于那通过审美性诸观念的愉快不系于某一定目的的达成（作为机械性的有意图的艺术）从而就在“原理的唯物主义里”是目的的观念性，而不是现实性构成它的基础：这一层也已经通过下列原因极为明朗，即美的艺术作为美的艺术必须看作不是悟性和科学的制成品，而是天才的创作，并且因此是通过审美性观念获得它的法则，而和那些从理性的诸观念所规定诸目的在本质上区别着。

就像感官的诸对象作为现象的观念性，是唯一的方式，来解释它的诸形式能先验地被规定的可能性：这样那在制定自然和艺术的美里的合目的性的观念论是唯一的前提，只在这前提下批判（审美判断力批判）才能够解释一鉴赏判断的可能性，这鉴赏判断要求着对于每个人具有先验的有效性（却没有把那在客体上被表象的合目的性建基于概念之上）。

第 59 节　论美作为道德性的象征

表示我们的概念的实在性，永远要求着直观。如果是经验的诸概念，那些直观就叫作事例。如果是纯粹的悟性诸概念，这些直观就被命名为图式。如果人们更要求着理性诸概念，即诸观念的客观的实在性，并且是为了表示出它们的理论的认识，那么人们就是要求着不可能的东西，因没有任何直观能适合这些观念。

一切的表现（Hypotypose，Subjectio sub adspectum）作为感性化是在两种场合：或是图式的，悟性所把握的概念有着和它相照应的先验的直观。或是象征的，那是一个概念，只是理性能思索它而无任何感性的直观和它相应，而理性把一个这样的直观放在它的根基上，用这个直观，判断力的手续只类似它在图式化的场合所观察到的，这就是说，用这手续它（判断力）只和这手续的规则，不是和直观，亦只是和反省上的形式而不是和内容相一致。

近代的逻辑家所采用的关于“象征”这个字的运用是意义倒置着的，是不正当的，如果人们把它和直觉的表象对立着；因象征的只是直觉的一种。后者（直觉的）能够分类为图式的和为象征的表象样式。两者都是 Hypotyposen，这就是表现（exhibitiones）：不单是表征（Characterismen）这表征是通过偕伴着的感性的符号对概念的标示，这是完全不含有着属于客体的直观的东西，而只是按照想象力联想规律，即在主观的意图里对于再现的手段服务着；这类的东西或是言语或是可见的符号（代数的以至于是表情的）作为概念的单纯表现[①]。

人安放在先验概念的基础上的一切的直观，所以或是图式，或是象征，前者直接地，后者间接地包含着概念的诸表现。前者用证明的，后者用类比的方式（对此人们也运用经验里的直观），在这里面判断力做着双层的工作，第一把概念运用到一个感性直观的对象，然后第二，把反省的单纯的法则运用到那对于完全另一对象的直观，第一种的关于这对象的概念是象征。所以一个君主制国家是通过一有灵魂的躯体来统治的，假使它是按照着内在的人民的法律；它是通过一单纯的机器（像一个手挽的磨），假使只由于一绝对的意志统治着。在两个场合都只是象征地被表象着。因在一个专制的国家和一个手挽磨之间固然没有什么类似性，但在那对于二者和它们的因果性的反省的法则之间却存在着这类似性。这个

① 认识里的直觉的东西必须和推理的对立着。前者要么通过演证而是图式的；要么作为按照一种纯然类比的表象而是象征的。——原注

过程至今还很少被人解明，虽然它是值得作深入的研究的。但我们在这里不能停滞在这问题上。我们的语言是充满着这一类按照着一个类比的间接的表现，通过这个，那表现不是对于概念的本来的图式，而仅包含着为了反省的一个象征。所以名词像根据（支柱，基础）依系（从上面被保持着的），从这里像流出（代替着引申）实体（像洛克所表达的：偶属性的保持者）和无数其他的非图式性的，而是象征性的对概念的表现和表出，不凭借一直接的直观的媒介，而仅是按照一种和下列的事的类比，即是将对于一对象的直观的反省翻译成完全另一种概念，对于这概念大概永不能有一个直观直接地和它相应。如果人们把一个单纯的表象形式已经可以称作知识，（假使它不是一个原理，从事于对对象自身是什么作理论的规定，而是在实践里规定着：对于我们对象的观念和它合目的的运用将成为什么，这却是被允许的）。那么一切我们关于上帝的知识就只是象征的；而谁把那些属性、悟性、意志等——这些东西只在世界中存在者身上证实着它的客观现实性——认为是图式的，就陷进拟人主义，并且，如果他把一切直觉的排去，就陷入合理主义的有神论，在这个立场上任何方面不能有所认识，也不能在实践的意味里。

现在我说：美是道德的象征；并且也只有回顾这一层（这对每个人是自然的，也要求着每个人作为义务），美使人愉快并提出人人同意的要求，在这场合人的心情同时自觉到一定程度的醇化和昂扬，超越着单纯对于感官印象的愉快感受，别的价值也按照着它的判断力的一类似的规准被评价着。这就是前节所揭示的指向超感性的鉴赏趣味，我们的高级的认识诸机能为此目的协合着，并且没有这一点，在它的性质和鉴赏所提出的要求之间就生长出纯然的矛盾了。在这个机能里判断力看不到，怎样在经验的判定的场合服从着一种经验诸规律的他律性：它在一个这样纯粹的愉快的诸对象的关系里赋予自己以规律，类似理性在欲求机能的关系里那样做的。并且见到自己由于这种主体内的内在可能性，也由于一个以此和它相协合一致的大自然的外在可能性，和那在主体内部以及外面的某物相关涉——这某物不是自然，也不是自由，却仍是和自由的根柢，即那超感性的相结合着。在这里面，理论的机能和实践的在共同的和不可识知的方式里结合成为统一体。我们愿意举出这种类比里的几点来，我们同时并不忽略它们的相异之点。

(1)美直接使人愉快(但只是在反味着的直观里，不像道德在概念里)。

(2)它使人愉快而没有任何利益兴趣(道德的善固然必然和一兴趣相联结着，但不是这样一个先行于对愉快的判断的，而是通过这个才生起的)。

(3)想象力(即我们的机能的感性)的自由将在美的评定中被表象为和悟性的规律性相一致(在道德判断里，意志的自由被思考为意志和自身的协调，按照着普遍的理性诸规律)。

(4)美的评定的主观的原理被表象为普遍的，这就是对每个人有效，但不能通过任何概念来认识。(道德的客观原理也被说明为普遍的，这就是对于一切主体，同时也对于这同一主体的一切行动，在这场合通过一普遍的概念。)因此道德判断不但是能有规定的构成性的诸原理，而且只有通过把规准建基于这些原理和它们的普遍性上面才有可能。

在普通悟性的场合，对于这个类比的回顾，也是通常的事。我们称呼自然的或艺术的美的事物常常用些名称，这些名称好像是把道德的评判放在根基上的。我们称建筑物或树木为壮大豪华，或田野为欢笑愉快，甚至色彩为清洁、谦逊、温柔，因它们所引起的感觉和道德判断所引起的心情状况有类似之处。鉴赏使感性刺激渡转到习惯性的道德兴趣成为可能而不需要一过分强大的跳跃，设想着想象力在它的自由活动里对于悟性是作为合目的性地具有规定的可能性，并且甚至于教导人在感性的对象上没有任何感性的刺激也能获得自由的愉快满足。

第 60 节　附录　关于鉴赏的方法论

先行于科学的把批判区分为要素论和方法论，是不能运用在鉴赏判断上的：因为没有美的科学，也不能有。而鉴赏的判断是不能通过诸原理来规定的。涉及每种艺术里的科学性的东西，即是在客体的表现里以真理为目的，这个固然是美的艺术的不可避免的条件，却不是美的艺术的自身。所以对于美的艺术只有手法(modus)，没有方法(methodus)。学生应该做到的东西，须老师先做给他看。他的手续最后概括出的那些一般性的法则，关键是帮助学生们记忆，并不是定下规范来。但在这里仍须顾虑到艺术必须放置在眼前的某一规定的理想，虽然这是在他们的实践里永远不能达到的。只有唤起学生的想象力来适合一被给予的概念，注意表现对于观念的不可企及性，这观念是概念自身不能达到的，因此观念是审美性质的。通过尖锐的批评可以防止他把那些摆在他面前的范例立刻就当作原型，而不再有更高的标准和他根据自己的批判所愿摹写的范型，并且不使天才以及想象力的自由在它的合规律性里被窒息；没有这自由就没有美的艺术，甚至于不可能有对于它正确评判的鉴赏。

一切美的艺术的入门，在它意图达成完满性的最高程度的范围内，似乎不在设立范则，而是在于心的诸力的陶冶通过人们所称的古典学科的预备知识：大概因为人文主义一方面意味着共同感，另一方面意味着能够自己最内心地和普通地传达。这些特质集合起来构成了适合于人类的社交性，以便人类和兽类的局限性区别开来。时代和诸民族，在这些民族里面趋向合法的社交性的冲动——通过这社交性一个民族成为一持久的共同体——和那些巨大的困难斗争着，这困难是包围着那艰难的任务：把自由（并且也就是平等）和强制（这强制是由于责任感的尊敬和服从，超过了由于畏惧）结合起来。这样一个时代和这样一个民族必须首先发明这艺术，使受教育的部分和较粗野的部分相互传达他们的诸观念，把前部分人的博大和精炼与后部分人的自然纯朴与独创性相协调，并且在这方式里寻找到那较高级文化与谦逊的自然（天性）的中间点，这中间点对于鉴赏作为普遍的人性意识，构成了正确的，不是按照着任何普遍法则所举示的规准。

一个后继的时代很难使那些范型成为不需要的东西：因它对自然的距离愈来愈远，最后，没有了它的永久的范例，不再能具有一个概念关于：最高级文化的合法则的强制与那感觉着自己价值的自由的天性的力量和正确性，俾它们能在这一个同一的民族里幸运地结合着。

鉴赏基本上既是一个对于道德性诸观念的感性化——通过对

于两方的反思中某一定的类比的媒介——的评定能力，从这能力和建基在它上面的对于情感的较大的感受性（这情感是出自上面的反思）引申出那种愉快，鉴赏宣布这种愉快是对于一般人类，不单是对于个人的私自情感普遍有效的。这就是使人明了：建立鉴赏的真正的入门是道义的诸观念的演进和道德情感的培养；只有在感性和道德情感达到一致的场合，真正的鉴赏才能采取一个确定的不变的形式。

译 后 记

1781 年康德写出了他的名著《纯粹理性批判》,1788 年写成了他的《实践理性批判》,接着,他就着手于他的"批判哲学"的第三部主著:《判断力的批判》(1790 年出版),完成他的哲学体系。这个哲学体系,在近代欧洲资产阶级哲学里的巨大的影响,是尽人皆知的。

批判地对待这一哲学体系,是我们的一项任务。《纯粹理性批判》和《实践理性批判》在我国已经有了译本。这部《判断力批判》分上下两卷,上卷即"审美判断力的批判",是欧洲近代美学界一部极为重要的著作,它一直刺激了欧洲近代资产阶级美学界的思考,研究美学的人不能不对这个美学体系作出深入地彻底地批判,来建立唯物主义的美学。我不揣自己的浅陋,翻译了这部素称难译的康德著作,期望不久有更准确,更流畅的译本问世。

康德这部《判断力批判》的下卷是"目的论的判断力批判",内容是考察目的论的自然观及道德问题,这一部分现由韦卓民同志译出。

本书的"导论",内容较为深曲难解,也最难用中文译得明白。但是在这篇"导论"里,康德对他的全部的哲学努力,对他的"批判哲学",作了一次总结性的阐述,要对康德哲学的全部问题有了初步掌握，才能完全理解它和批判它。对于美学感兴趣的同志不妨先翻阅上卷“审美判断力的批判”及下卷“目的论判断力的批判”，然后再来咀嚼这一不太好懂的“导论”。译者在1960年曾草了一篇《康德美学原理评述》，(《新建设》1960年5月)现作为本书“附录”，发表于此，供读者参考。

宗白华

1963年9月

附录：康德美学原理评述

康德(1724—1804)，德国资产阶级的学者，德国古典唯心主义哲学中影响最大的哲学家。当时的德国和西欧其他国家比起来是一个落后的国家，德国资产阶级是一个眼光短浅、怯懦怕事的阶级，它的革命虽然是不彻底的，但毕竟在观念上进行了反封建的斗争，马克思曾说康德哲学是"法国革命的德国理论"。康德承认客观存在着"自在之物"，但又说这"自在之物"是我们的认识能力所不能把握到的。康德哲学中有着明显的两重性，他在一定程度上表明他企图调和唯物主义和唯心主义。但是这种调和归根到底是想在唯心主义、即他所称的先验的唯心主义的基础上来进行的。在美学里表现得尤其显著。康德是18世纪末19世纪初的德国唯心主义哲学的奠基人，也是德国唯心主义美学体系的奠基人。

康德的美学又是他在和以前的唯理主义美学(继承着莱布尼兹、沃尔夫哲学系统的鲍谟伽敦)和英国经验主义的美学(以柏克为代表)的争论中发展和建立起来的，所以是一个极其复杂矛盾的体系。

我们先要简略地叙述一下康德和这两方面的关系，才能理解这个复杂的美学体系。

一

康德在他的美学著述里，对于他以前的美学家只提到过德国的鲍谟伽敦(Baumgarten)和英国的柏克(E. Burke)，一个是德国唯理主义的继承者，一个是英国经验主义的心理分析的思想家。我们先谈谈德国唯理主义的美学从莱布尼兹到鲍谟伽敦的发展。鲍氏是沃尔夫(Wolff)的弟子，但沃尔夫对美学未有发挥,而他所继承的莱布尼兹却颇有些重要的美学上的见解,构成德国唯理主义美学的根基。

莱布尼兹继承着和发展着17世纪笛卡尔、斯宾诺莎等人唯理主义的世界观,企图用严整的数学体系来统一关于世界的认识,达到对于物理世界清楚明朗的完满的理解,但是感官直接所面对的感性的形象世界是我们一切认识活动的出发点。这形象世界和清楚明朗、论证严明的数理世界比较起来似乎是朦胧、暧昧、不够清晰的,莱布尼兹把它列入模糊的表象世界,这是“低级的”感性认识。但是这直观的暧昧的感性认识里仍然反映着世界的和谐与秩序,这种认识达到完满的境界时,即完满地映射出世界的和谐、秩序时,这就不但是一种真,也是一种美了。于是关于“感性认识”的科学同时就成了美学。Aesthetica一字,现在所谓美学,原来就是关于感性认识的科学。莱氏的继承者鲍谟伽敦不但是把当时一切关于这方面的探究聚拢起来,第一次系统化成为一门新科学,并且给它命名为Aesthetica,后来人们就沿用这个名字发展了这门新科学——美学。这是鲍谟伽敦在美学史上的重要贡献。虽然他自己的美学著作还是很粗浅的,规模初具,内容贫乏,他自己对于造型艺术及音乐艺术并无所知,只根据演说学和诗学来谈美。他在这里是从唯理主义的哲学走到美学,因而建立了美学的科学。美即是真,尽管只是一种模糊的真,因而美学被收入科学系统的大门,并且填补了唯理主义哲学体系的一个漏洞、一个缺陷,那就是感性世界里的逻辑。

同时也配合了当时文艺界古典主义重视各门文艺里的法则、规律的方向,也反映了当时上升的资产阶级反封建、反传统、重视理性、重视自然法则(即理性法则)的新兴阶级的意识。而在各门文学艺术里找规律,这至今也正是我们美学的主要任务。

现在略略介绍一下鲍谟伽敦(1714—1762)美学的大意,因它直接影响着康德。

鲍氏在莱氏哲学原理的基础上,结合着当时英国经验主义美学“情感论”的影响,制造了一个美学体系,带着折中主义的印痕。鲍氏认为感性认识的完满,感性圆满地把握了的对象就是美。他认为:

(1)感觉里本是暧昧、朦胧的观念,所以感觉是低级的认识形式。

(2)完满(或圆满)不外乎多样性中的统一,部分与整体的调和完善。单个感觉不能构成和谐,所以美的本质是在它的形式里,即多样性中的统一里,但它有客观基础,即它反映着客观宇宙的完满性。

(3)美既是仅恃感觉上不明了的观念成立的,那么,明了的理论的认识产生时,就可取美而消灭之。

(4)美是和欲求相伴着的,美的本身既是完满,它也就是善,善是人们欲求的对象。

单纯的印象,如颜色,不是美,美成立于一个多样统一的协调里。多样性才能刺激心灵,产生愉快。多样性与统一性(统一性令人易于把握)是感性的直观认识所必需的,而这里面存在着美的因素。美就是这个形式上的完满,多样中的统一。

再者,这个中心概念"完满"(Vollkommenheit)可以从另一个角度来看。这就是低级的、感性的、直观的认识和高级的、概念的知识之间的关系和分歧点。在感性的、直观的认识里,我们直接面对事物的形象,而在清晰的概念的思维中,亦即象征性质(通过文字)的思维中,我们直接的对象是字,概念,更多过于具体的事物形象。审美的直观的思想是直接面对事物而少和符号交涉的,因此,它就和情绪较为接近。因人的情绪是直接系着于具体事物的,较少系着于抽象的东西。另一方面,概念的认识渗透进事物的内容,而直接观照的、和情绪相接的对象则更多在物的形式方面,即外表的形象。鉴赏判断不像理性判断以真和善为对象,而是以美、亦即形式。艺术家创造这种形式,把多样性整理、统一起来,使人一目了然,容易把握,引起人的情绪上的愉快,这就是审美的愉快。艺术作品的直观性和易把握性或"思想的活泼性",照鲍谟伽敦的后继者 G. E. Meyer 所说:是"审美的光亮"。假使感性的清晰达到最高峰时,就诞生"审美的灿烂"。

鲍氏美学总结地说来,就是:(1)因一切美是感性里表现的完满,而这完满即是多样中的统一,所以美存在于形式。(2)一切的美作为多样的东西是组成的东西(交错为文)。(3)在组成物之中间是统制着规定的关系,即多样的协调而为一致性的。(4)一切的美仅是对感觉而存在,而一个清晰的逻辑的分析会取消了(扬弃了)它。(5)没有美不同时和我对它的占有欲结合着,因完满是一好事,不完满是坏事。(6)美的真正目的在于刺激起要求,或者因我所要求的只是快适,故美产生着快乐。

鲍氏是沃尔夫的最著名的弟子,康德在他的前批判哲学的时期受沃尔夫影响甚大。他把鲍氏看作当时最重要的形而上学者,而且把鲍氏的教课书(逻辑)作为他的课堂讲演的底本,就在他的批判哲学时期也曾如此,虽然他在讲课里已批判了鲍氏,反对着鲍氏。

鲍氏区分着美学 Aesthetica 作为感性认识的理论,逻辑作为理性认识的理论。这名词也为康德在他的《纯粹理性批判》里所运用,康德区分"先验的逻辑"和"先验的美学"即"先验的感性理论"。在这章里康德说明着感觉直观里的空间时间的先验本质。我们可以说,康德哲学以为整个世界是现象,本体不可知。这直观的现象世界也正是审美的境界,我们可以说,康德是完全拿审美的观点,即现象地来把握世界的。他是第一个建立了一个完备的资产阶级的美学体系的,而他却把他的美学著作不命名为美学。他把美学这一名词用在他的认识论的著作里,即关于感性认识的阐述的部分,这是很有趣的,也可以见到鲍谟伽敦的影响。康德也继承了鲍氏把美基于情感的说法,而反对他的完满的感性认识即是美的理论。康德把认识活动和审美活动划分为意识的两个不同的领域,因而阉割了艺术的认识功用和艺术的思想性,而替现代反动美学奠下了基础。他继承了鲍氏的形式主义和情感论扩张而为他的美学体系。

二

美学思想从意大利文艺复兴传播到法国,在那里建立了唯理主义的美学体系,然后在德国得到了完成。在 18 世纪的上半期,艺术创造和审美思想的条件有了变动,于是英国首先领导了新的美学的方向。这里也是首先有了社会秩序的变革为前提的,1688 年英国资产阶级革命的成功改变了人们的生活情调,也就影响到艺术和美学的思想。在这个工业、商业兴盛和资产阶级在政治上获得自由的英国,独立了的受教育的资产阶级开始自觉它的地位,封建的王侯不再具有绝对的支配人们精神思想的势力。文学里开始表现资产阶级的理想人物和贵族并驾齐驱。在欧洲资产阶级的自由发源地荷兰的 17 世纪的绘画里,尤其在大画家伦勃朗的油画里直率地表现着现实界的、生活力旺盛的各色人物,不再顾到贵族的仪表风度。荷兰的风俗画描绘着单纯的素朴的社会生活情状。在英国的文学里,这种新的精神倾向也占了上风,和当时的美学观念、文艺批评联系着。英国的新上升的资产阶级需要一种文学艺术,帮助它培养和教育资产阶级新式的人物、新思想和新道德。美学家阿狄生有一次在伦敦街头看着熙熙攘攘、匆匆忙忙的人们感动地说道:"这些人大半是过着一种虚假的生活。"他要使他们成为真正的人,这就是不再是通过宗教,而是通过审美和文化教养出来的人。这时在文艺复兴以来壮丽的气派、华贵的建筑和绘画以外,也为新兴的中产阶级产生了合乎幽静家庭生活的、对人们亲切的风景和人物的油画。对于自然的爱好成为普遍的风气。就像在哲学家斯宾诺莎、莱布尼兹、歇夫斯伯尼的哲学里,自然界从宗教思想的束缚里解放出来,成为独立研究的对象一样,绘画里也使大自然成为独立表现的主题,不再是人物的陪衬。在克劳德·洛伦(法)、鲁夷斯代尔、荷伯玛(荷兰)等人的风景画里,人对自然的感觉愈益亲切,注意到细节,和当时的大科学家毕封、林耐等人一致。18世纪这种趣味的转变是和许多热烈的美学辩论相伴着。英国流行着报刊里的讨论,法国狄德罗写文章报道着绘画展览。德国莱辛和席勒的戏剧是和无数的争辩讨论的文章交织着,歌德和席勒的通信多半讨论着文艺创作问题。这时一些学院哲学以外的思想家注重各种艺术的感性材料和表现特点的研究,如莱辛的拉奥孔区别文学与绘画的界限,想从这里获得各种艺术的发展规律。所以从心理分析来把握审美现象在此时是一条此较踏实的科学地研究美学问题的道路,而这一方面主要是先由英国的哲学家发展着的。

荷姆(Home),生于1696年,苏格兰思想界最兴盛时代的学者。1762年开始发表他的《批评的原则》(*Elements of criticism*)是心理学的美学奠基的著作。一百年后,1876年德国的费希勒尔搜集他自己的论文发表,名为《美学初阶》。在这两本书里见到一百年间心理分析的美学的发展。荷姆的主要美学著作即是《批评的原则》(1763年译成德文,1864年铿里士堡《学术与政治报》上刊出一书评,可能出自康德之手。见Schlapp:《康德鉴赏力批判的开始》),是分析美与艺术的著作。由于他在分析里和美学概念的规定里的完备,这书在当时极被人重视。这是18世纪里最成熟和完备的一部对于美的分析的研究。莱辛、赫尔德、康德、席勒都曾利用过它。他对席勒启发了审美教育的问题。

荷姆的分析是以美的事物给予我们的深刻的丰富印象为对象。他首先见到美的印象所引起的心灵活动是单纯依据自然界审美对象或过程的某一规定的性质。审美地把握对象的中心是情感,于是分析情感是首要的任务。当时一般思想趋势是注意区分人的情绪与意志,审美的愉快和道德的批判。柏克已经强调出审美的静观态度和意志动作的区别。荷姆从心理学的理解来把审美的愉快归引到最单纯的元素即无利益感的情绪,亦即从这里不产生出欲求来的情绪。他因此逐渐发展出关于情绪作为心灵生活的一个独立区域的学说,后来康德继承了他而把这个学说系统化。康德严格地把情绪作为与认识和意志欲望区分开来的领域,这在荷姆还并没有陷入这种错误观点。不过他也以为一个美丽的建筑或风景唤起我们心中一种无欲求心的静观的欣赏,但他认为我们若想完全理解审美印象的性质,就须把一个实际存在的事物所激起的情绪和一个对象仅在"意境"里所激起的情绪(如在绘画或音乐里)区别开来。意境对于现实的关系就像回忆对于所回忆的东西的关系。它(这意境)在绘画里较在文学里强烈些,在舞台的演出里又较绘画里强烈些。荷姆所发现的这"意境"概念是后来一切关于"美学的假相"学说的根源。不过在荷姆这"意境"概念的意义是较为积极的,不像后来的是较为消极性的(即过于重视艺术境界和现实的不同点)。

但这种对美感的心理分析或心理描述引起了一个问题,即审美印象的普遍有效性问题,审美的判断是在怎样的范围内能获得普遍的同意?休谟曾在他的论文里发挥了鉴赏(趣味)标准的概念。这个重要的概念,荷姆在他的著作里继续发展了。康德更是从这里建立他的先验的唯心主义的美学,而完全转到主观主义方面来。荷姆还有一些重要的分析都影响着后来康德美学及其他人的美学研究,我们不多谈了。

现在谈谈柏克。康德在他的《判断力批判》里直接提到他的前辈美学家的地方极少,但却提到了英国的思想家柏克(1729—1797)。柏克著有《关于我们壮美及优美观念来源的哲学研究》(1756 年,在他以前 1725 年已有赫切森(Hutscheson)的《关于我们的美的及品德的观念来源的研究》)。

英国的美学家和法国不同,他们对于美,不爱固定的规则而爱令人惊奇的东西,在新奇的刺激以外又注意"伟大"的力量,认为"伟大"的力量是不能用理智来把握的。因此艺术的创造和欣赏没有整体的心灵活动和想象力的活动是不行的。

康德在《判断力批判》里简单地叙述了柏克的见解,并且赞许着就:“作为心理学的注释,这些对于我们心意现象的分析极其优美,并且是对于经验的人类学的最可爱的研究提供了丰富的资料。”

康德从他以前的德国唯理主义美学和英国心理分析的美学吸取了他的美学理论的源泉。他的美学像他的批判哲学一样,是一个极复杂的难懂的结构,再加上文字句法的冗长晦涩,令人望而生畏。读他的书并不是美的享受,翻译它更是麻烦。

三

1790年康德在完成了他的《纯粹理性批判》(对知识的分析)和《实践理性批判》(对道德,即善的意志的研究)以后,为了补足他的哲学体系的空隙,发表了他的《判断力批判》(包含着对审美判断的分析)。

但早在1764年他已写了《关于优美感与壮美感的考察》,内容是一系列的在美学、道德学、心理学区域内的极细微的考察,用了通俗易懂的、吸引人的、有时具有风趣的文字泛论到民族性、人的性格、倾向、两性等等方面。

康德尚无意在这篇文章里提供一个关于优美及壮美的科学的理论,只是把优美感和壮美感在心理学上区分开来。“壮美感动着人,优美摄引着人”。他从壮美里又分别了不同的种类,如恐怖性的壮美、高贵、灿烂等。可注意的特点是他对道德的美学论证建立在“对人性的美和尊严的感觉上”。这里又见到英国思想家歇夫斯伯尼的影响。

《判断力批判》(1790年第1版,1793年第2版),这书是把两系列各别的独立的思考,由于一个共同观点(即“合目的性”的看法)结合任一起来研究的。即一方面是有机体生命界的问题,另一方面是美和艺术的问题。但是在《纯粹理性批判》里,康德尚认为“把对美的批判提升到理性原理之下和把美的法则提升到科学是一个不可能实现的愿望”。但是他在他所作的哲学的系统的研究进展中,使他在1787年认为在“趣味(鉴赏)”领域里也可以发现先验的原理,这是他在先认为是不可能的事。

这种把“鉴赏的批判”和“目的论的自然观的批判”结合在一起的企图到

1789年才完全实现。工作加快地进行,1790年就出版了《判断力批判》,完成康德的批判哲学的体系〔康德所谓批判(Kritik),就是分析、检查、考察。批判的对象在康德首先就是人对于对象所下的判断。分析、检查、考察这些判断的意义、内容、效力范围,就是康德批判哲学的任务〕。康德的《判断力批判》第一部分是"审美判断力批判"。此中第一章第一书:美的分析,第二书:壮美(或崇高)的分析,第二部分是"审美判断力的辩证法"。现在我主要地是介绍一下"美的分析"里的大意,然后也略介绍一下他的论壮美(崇高)。

我们先在总的方面略为概括地谈一谈康德论审美的原理,这是相当抽象,不太好懂的。

康德的先验哲学方法从事于阐发先验地可能性的知识(即具有普遍性和必然性的知识)。美学问题是他的批判哲学里普遍原理的特殊地运用于艺术领域。和科学的理论里的先验原理(即认识的诸条件)及道德实践里的先验原理相并,产生着第三种的先验方法在艺术领域里。艺术和道德一样古老,比科学更早。康德美学的基本问题不是美学的个别的特殊的问题,而是审美的态度。照他的说法,即那"鉴赏(或译趣味)判断"是怎样构成的,它和知识判断及道德的判断的区分在哪里?它在我们的意识界里哪一方向和哪一方面中获得它的根基和支持?

康德美学的突出处和新颖点即是他第一次在哲学历史里严格地系统地为"审美"划出一独自的领域,即人类心意里的一个特殊的状态,即情绪。这情绪表现为认识与意志之间的中介体,就像判断力在悟性和理性之间。他在审美领域里强调了"主观能动性"。康德一般地在情绪后附加上"快乐及不快的"词语,亦即愉快及不愉快的情绪,但这个附加词并不能算作真正的特征。特征是在于这情绪的纯主观性质,它和那作为客观知觉的感觉区别着。在这意义里,康德说:"鉴赏没有一客观的原则。"此外这个情绪是和对于快适的单纯享受的感觉以及另一方对于善的道德的情绪有根本的差别。

美学是研究"鉴赏里的愉快",是研究一种无利益兴趣和无概念(思考)却仍然具有普遍性和直接性的愉快。审美的情绪须放弃那通过悟性的概念的固定化,因它产生于自由的活动,不是诸单个的表象的,而是"心意诸能力"全体的活动。在"美"里是想象力和悟性,在"壮美"里是想象力和理性。审美的真正的辨别不是愉快,愉快是随着审美评判之后来的,而是那适才所描述的心意状态的“普遍传达性”。这是它和快适感区别的地方。

因这个心意状态绝不应听从纯粹个人趣味的爱好,那样,美学不能成为科学。鉴赏判断也要纳入法则里,因它要求着“普遍有效性”,尽管只是主观的普遍有效性。它要求着别人的同意,认为别人也会有同样的愉快(美的领略)。如果他(指别人)目前尚不能,在美学教育之后会启发了他的审美的共通感,而承认他以前是审美修养不够,并不是像“快适”那样各人有私自的感觉,不强人同,不与人争辩。所以人类是具有审美的“共通感”(Gemeinsein)的。这共通感表示:每个人应该对我的审美判断同意,假使它正确的话(尽管事实上并不一定如此)。因而我的审美判断具有“代表性”(样本性)的有效性。当然按照它的有效价值也只具有一个调节性的,而非构造性的“理想的”准则。一言以蔽之,是一理念(Idee)。对康德,理念(或译观念)是总括性的理性概念,最高级的统一的思想,对行为和思想的指导观念,在经验世界里没有一对象能完全符合它。审美的诸理念是有别于科学理论上的诸理念的,它们不像这些理念那样是表明(立证)的“理性理念”,而是不能曝示的,即不能归纳进概念里去的想象力的直观,没有语言文字能说出,能达到。它是“无限”的表现,它内里包含着“不能指名的思想富饶”。它是建基于超感性界的地盘上的那个仅能被思索的实体,我们的一切精神机能把它作为它们的最后根源而汇流其中,以便实现我们的精神界的本性所赋予我们最后的目的,这就是理性“使自己和自身协合”。超过了这一点,审美原理就不能再使人理解的了(康德再三这样说着)。

创造这些审美理念的机能,康德名之为天才,我们内部的超感性的天性通过天才赋予艺术以规律,这是康德对审美原理的唯心主义的论证。

四

一个判断的宾词若是“美”,这就是表示我们在一个表象上感到某一种愉快,因而称该物是美。所以每一个把对象评定为美的判断,即是基于我们的某一种愉快感。这愉快作为愉快来说,不是表象的一个属性,而只是存在于它对我们的关系中,因此不能从这一表象的内容里分析出来,而是由主体加到客体上面的,必须把这主观的东西和那客观的表象相结合。因此这判断在康德的术语里,即是所谓综合判断,而不是分析判断。

但不是每一令人愉快的表象都是美。因此审美判断所表达的愉快必须具有特性。

问题是:什么是美?即审美判断的基础在哪里面?这一宾词所加于那表象的是什么?这些归结于下列问题:审美的愉快和一切其他种类的愉快的区分在哪里?对这一问题的回答就说出了"美或鉴赏判断的性质",这是"美的分析"的第一个主题。

美以外如快适,如善,如有益,都是令人愉快的表象。康德进一步把它们分辨开来,说它们对于我们的关系是和美对于我们的关系不同的。康德哲学注重"批评"(Kritiik)亦即分析,他偏重分别的工作,结果把原来联系着的对象割裂开来,而又不能辩证地把握到矛盾的统一。这造成他的哲学里和美学里的许多矛盾和混乱,这造成他的思想的形而上学性。

快适表现于多种的丰富的感受,如可爱的、柔美曼妙的、令人开心的、快乐的等等,是一种感性的愉快的表现,而善和有益是实践生活里的表现。快适的感觉不是系于被感觉的对象,而是系于我自己的感觉状况,它们仅是主观的。如果我们下一判断说:"这园地是绿色的",这宾词"绿"是隶属于那被我们觉知的客体"园地"的。如果我们判断:"这园地是舒适的",这就是说出我看见这园地时我的感觉被激动的样式和状态。"快适是给诸感官在感觉里愉快的",它给予愉快而不通过概念(思维)。对于善和有益的愉快是另一种类的。有益即是某物对某一事一物好。善却与此相反,它是在本身上好,这就是只是为了自身的原因、自身的目的而实现,进行的。有益的是工具,善是目的,并且是最后目的。二者都是我们感到愉快的对象,却是在实践里的满足,它们联系着我们的意志、欲望,通过目的的概念,它们服务于这个目的。有益的作为手段、工具,善作为终极目的,前者是间接的,后者是直接的。康德说:"善是那由于理性的媒介通过单纯的概念令人满意的。我们称呼某一些东西为了什么事好(有益的),它只是作为手段令人愉快的,另一种是在自身好,这是自身令人愉快满意的。"善不仅是实践方面的,且进一步是道德的愉快。

但二者的令人愉快是以客体的实际存在为前提,人当饥渴时,绘画上的糕饼、鱼肉、水果是不能令人愉快的,它们徒然是一种刺激。除非吃饱了,不渴了,画上的食品是令人愉快的,像17世纪荷兰画家常爱画的一些佳作。一个人的善行如果是伪装的,不但不引起道德上的满意,反而令人厌恶。除非我们被欺骗,信以为真(即认为是客观存在着)的时候。这就是说我们对于它们的客观存在是感兴趣的,有着利害关系的。

但在对于美的现象的关系中却不关注那实物的存在,对画上的果品并不要求它的实际存在,而只是玩味它的形象,它的色彩的调和,线条的优美,就是说,它的形式方面,它的形象。康德说:“人须丝毫不要坚持事物的存在,而是要在这方面淡漠,以便在鉴赏的事物里表现为裁判者。”总结起来,康德认为美是具有一种纯粹直观的性质,首先要和生活的实践分开来。他说:“一个关于美的判断,即使渗入极微小的利害关系,都具有强烈的党派性,它就绝不是纯鉴赏判断。因此,要在鉴赏中做个评判者,就不应从利害的角度关心事物的存在,在这方面应抱淡漠的态度。”

照康德的意见,在纯粹美感里,不应渗进任何愿望、任何需要、任何意志活动。审美感是无私心的、纯是静观的,他静观的对象不是那对象里的会引起人们的欲求心或意志活动的内容,而只是它的形象,它的纯粹的形式。所以图案、花边、阿拉伯花纹正是纯粹美的代表物。康德美学把审美和实践生活完全割裂开来,必然从审美对象抽掉一切内容,陷入纯形式主义,把艺术和政治割离开来,反对艺术活动中的党派性。它成为现代最反动的形式主义艺术思想的理论源泉了。

康德认为人在纯粹的审美里绝不是在求知,求发见普遍的规律,客观的真理,而是在静观地赏玩形象,物的形式方面的表现。审美的判断不是认识的判断,所以美不但和快适、善、有益区分开来,也和真区分开来。他反对在他以前的英国美学里(如柏克)的感觉主义,只在人们的心理中的快感里面寻找美的原因,把美和心理的快适(快活舒适)等同起来。他也反对唯理主义思想家(如鲍谟伽敦)把美等同于真,即感性里的完满认识,或善,即完满。他要把一切杂质全洗刷掉,求出纯洁的美感。他用“批判”即“分剖”的方法来研究人类的认识作用,称作“纯粹理性批判”,研究纯洁的直观,纯洁的悟性,在道德哲学里探讨纯洁的意志等等。他的这种洗刷干净的方法,追求真理的纯洁性,像17世纪里的物理学家、数学家的分析学(数学是他们的,也是康德的科学理想),但却把有血有肉的,生在社会关系里的人的丰富多彩的意识抽空了

(抽象化了);更是把思想丰富、意趣多方的艺术创作、文学结构抽空了。损之又损,纯洁又纯洁,结果只剩下花边图案,阿拉伯花纹是最纯粹的,最自由的,独立无靠的美了。剩下来的只是抽空了一切内容和意义的纯形式。他说:“花,自由的素描,无任何意图地相互缠绕着的,被人称作簇叶饰的纹线,它们并不意味着什么,并不依据任何一定的概念,但却令人愉快满意。”

康德喜欢追求纯粹、纯洁,结果陷入形式主义主观主义的泥坑,远离了丰富多彩的现实生活和现实生活里的斗争,梦想着“永久的和平”。美学到了这里,空虚到了极点,贫乏到了极点,恐怕不是他始料所及的吧!而客观事实反击了过来,康德不能不看到这一点,但是他的主观唯心主义和他不能用唯物辩证法来走出这个死胡同,于是不顾自相矛盾地又反过来说:“美是道德的善的象征”。想把道德的内容拉进纯形式来,忘了当初气势汹汹的分疆划界的工作了。

我们以上已经叙述过康德就“性质”这一契机来考察美的判断。他总结着说:

“鉴赏(趣味,即审美的判断)是凭借完全无利害观念的快感和不快感,对某一对象或它的表现方式的一种判断力。”

鉴赏判断的第二契机就是按照量上来看的。这就是问一个真正的审美判断,譬如说这风景是美的,这首诗是美的,说出这判断的人是不是想,这个判断只表达我个人的感觉,像我吃菜时的口味那样。如果别人说:我觉得这菜不好吃,我并不同他争辩,争辩也无益,我承认各人有各人的口味,不必强同。康德认为根据个人的私人的趣味的判断,是夹杂着个人的利害兴趣的,不是像那无利害关系,超出了个人欲求范围的审美判断。因此对于审美判断,我们会认为它不仅仅是代表着个人的兴趣、嗜好,而是反映着人类的一种普遍的共同的对于客体的形象的情绪的反应。因此会认为这个判断应该获得人人公共的首肯(假使我这判断是正确的话),这就是提出了普遍同意的要求,认为真正的(正确的)审美判断应是普遍有效的,而不局限于个人。如果别人不承认,那就要么是我这判断并不正确,应当重新考虑修改。如果审查了仍自以为是完全正确的,那就会是别人的审美修养、鉴赏力不够,将来他的鉴赏力提高了,一定会承认我这个判断的。许多大艺术家发现了新的美,把它表现出来,当时可能得不到人们的承认,他却仍然相信将来定有知音,因而坚持下去,不怕贫困和屈辱,像伦伯朗那样。这是康德所主张的审美判断在“量”的方面是具有普通性的,可以提出普遍同意的要求,不像在饮食里各人具有他自己个别的口味,是不能坚持这个普遍性的要求的(虽然孟子曾说过:“口之于味也,有同嗜焉。”)。

康德认为审美判断具有普遍性,因为美感是不带有利益兴趣因而是自由的、无私的。它不像快适那样基于私人条件,因而审美的判断者以为每个人都会作出同样的判断的。但是在审美判断里对于每个人的有效性不是像伦理判断那样根据概念,因此它不能具有客观的普遍有效性,而仅能具有主观的普遍有效性。而这个之所以可能,是因为审美情绪不是先行于对于对象的判断,而是产生于全部心意能力总的活动,内心自觉到理智活动与想象力的和谐,感觉它作为“静观的愉悦”。

在这里见到康德的所谓美感完全是基于主体内部的活动,即理智活动与想象力的谐和、协调,不是走出主观以外来把握客观世界里的美。这和康德的物自体不可知论、和他的主观唯心论是一致的。

就审美判断中的第三个契机,即所看到的“目的的关系”这一范畴来考察审美判断。康德认为美是一对象的形式方面所表现的合目的性而不去问他的实际目的,即他所说的“合目的性而无目的”(无所为而为),也就是我们在对象上观照它在形式上所表现的各部分间有机的合目的性的和谐,我们要停留在这完美的多样中统一的表象的鉴赏里,不去问这对象自身的存在和它的实际目的。如果我们从表面的合目的性的形式进而探究或注意它的存在和它的目的,那么,它就会引起我们实际的利益感而使我们离开了静观欣赏的状态了。所以最纯粹的审美对象是一朵花,是阿拉伯花纹等等。这里充分说明了康德美学中的形式主义。但是,康德也不能无视一切伟大文艺作品里所包含着的内容价值,它们里面所表现的对人们生活的影响,它们的教育意义。所以康德又自相矛盾地大谈“美是‘道德的善’的象征”。并且说:“只有在这个意义里(这是一种对于每个人是自然的关系,这并且是每个人要求别人作为义务的),美给人愉快时要求着另一种赞许,即人要同时自己意识到某一种高贵化和提升到单纯官能印象的享受之上去,并且别种价值也依照他的判断力的一个类似的原则来评价。”后来诗人席勒的美学继承康德发展了审美教育问题的研究(德国18世纪大音乐家乔·弗·亨德尔说得好:“如果我的音乐只能使人愉快,那我感到很遗憾,我的目的是使人高尚起来。")。于是康德又自相矛盾地提出了自由(自在)的美和挂上的(系属着的)美的区分。自由的美不先行肯定那概念,说对象应该是什么;那挂上的美(系属着的美)却先行肯定这概念和对象依照那概念的完满性(例如画上的一个人物就要圆满地表现出关于那个人的概念内容,即典型化)。一个对象里的丰富多样集合于使它可能的内在目的之下,我们对于它的审美快感是基于一个概念的,也就是依照这个概念要求这概念的丰富内容能在形象上充分表达出来。

对于"自由"的美,如一花纹图案、一朵花的快感是直接和那对象的形象联系着,而不是先经过思想,先确定那对象的概念,问它"是什么",而是纯粹欣赏和玩味它的形式里的表现。

如果对象是在一个确定的概念的条件下被判断为美的,那么,这个鉴赏判断里就基于这概念包含着对于那个"对象"的完满性或内在的合目的性的要求,这个审美判断就不再是自由的和纯粹的鉴赏判断了。康德哲学的批判工作是要区别出纯粹的审美判断来,那只剩有对"自由美"的判断,也即是对于纯粹形式美的判断,如花纹等。而一切伟大的文学艺术作品都是他所说的"系属着的美"或"挂上的美",即在形式的美上挂上了许多别的价值,如真和善等。在这里又见到康德美学里的矛盾和复杂,和它的形式主义倾向。最后,依照判断中第四个契机"情状"的范畴来考察,即按照对于对象所感到愉快的情状来看。美对于快感具有必然性的关系,但这种必然性不是理论性和客观性的,也不是实践性的(如道德)。这种必然性在一个审美判断里被思考着时只能作为例证式的,这就是说作为一个普遍规律的一个例证,而这个普遍规律却是人们不能指说明白的(不像科学的理论的规律,也不像道德规律)。审美的共通感作为我们的认识诸力(理智和想象力)的自由游戏是一个理想的标准,在它的前提下,一个和它符合着的判断表白出对一对象的快感能够有理由构成对每个人的规律,因为这原理虽然只是主观性的,却是主观的普遍性,是对于每个人具含着必然性的观念。康德这一段思想难懂,但却极重要。

如果把上面康德美学里所说的一切对于美的规定总结起来就可以说:"美是……无利益兴趣的,对于一切人,单经由它的形式,必然地产生快感的对象。"这是康德美感分析的结果。康德把审美的人从他的整个人的活动,他的斗争的生活里,他的经济的、社会的、政治的生活里抽象出来,成为一个纯粹静观着的人。康德把艺术作品从它的丰富内容,它的深刻动人的政治价值,社会价值,教育价值,经济价值,战斗性中抽象出来,成为单纯形式。这时康德以为他执行了和完成了他的"审美批判力批判的工作"。

所以康德的美学不是从艺术实践和艺术理论中来,而是从他的批判哲学的体系中来,作为他的批判哲学体系中的一个组成部分。

康德美学的主要目标是想勾出美的特殊的领域来,以便把它和真和善区别开来,所以他分析的结果是:纯粹的美只存在"单纯形式"里即在纯粹的无杂质、无内容的形式的结构里,而花纹图案就成了纯美的典范。但康德在美感的实践里却不能不知道这种抽空了内容的美在现实中几乎是不存在的,就是极简单的纯形式也会在我们心意里引起一种不能指名的"意义感",引起一种情调,假使它能被认为是美的话。如果它只是几何学里的形,如三角形、正方形等,不引起任何情调时,也就不能算做美学范围内的"纯形式"了。

而且不止此,人类在生活里常常会遭遇到惊心动魄、震撼胸怀的对象,或在大自然里,或在人生形象、社会现象里,它们所引起的美感是和"纯粹的美感"有共同之处——因同是在审美态度里所接受的对象——却更有大大不同之处。这就是它们往往突破了形式的美的结构,甚至于恢恑憰怪。自然界里的狂风暴雨,飞沙走石,文学艺术里面如莎士比亚伟大悲剧里的场面,人物和剧情(麦克白,里查三世,李尔王等剧),是不能纳入纯美范畴的。这种我们大致可列入壮美(或崇高)的现象,事实上这类现象在人生和文艺里比纯美的境界更多得多,对人生也更有意义。康德自己便深深地体验到这个,他常说:世界上有两个最崇高的东西,这就是夜间的星空和人心里的道德律。所以康德不能不在纯粹美的分析以后提出壮美(崇高)来做美学研究的对象。何况他的先辈柏克、荷姆在审美学的研究里已经提出了这纯美和壮美的区别而加以探讨了。

"会当凌绝顶,一览众山小"(杜甫《望狱诗》),美学研究到壮美(崇高),境界乃大,眼界始宽。研究到悲剧美,思路始广,体验乃深。

康德认为:许多自然物可以被称为是优美的,但它们不能是真正的壮美(崇高)的,一个自然物仅能作为崇高的表象(表现),因真正的壮美是不存在感性的形式里的。对自然物的优美感是基于物的形式,而形式是成立在界限里的(有轮廓范围)。壮美却能在一个无边无垠的对象里找到。这种“无限”可能在一个物象身上见到，也可能由这物象引起我们这种想象。优美的快感联系着“质”，壮美的快感联系着“量”。自然物的优美是它的形式的合目的性，这就是说这对象的形式对于我的判断力的活动是合适的，符合着的，好像是预先约定着的。在我的观照中引动我的壮美(崇高)感的对象，光就它的形式来看，也有些可能是符合着我的判断力的形式的，例如希腊的庙宇，罗马城的彼得大教堂，米开朗基罗的摩西石像等古典艺术。但壮美的现象对于我们的想象力显示来得强暴，使我们震惊、失措、徬徨。然而，越是这样，越使我们感到壮伟、崇高。崇高不只是存在于被狂飙激动的怒海狂涛里，而更是进一步通过这现象在我们心中所激起的情感里。这时我们情感摆脱了感性而和“观念”连结活动着。这些观念含着更高一级的“合目的性”。对于自然界的“优美”，我们须在外界寻找一个基础，而对“崇高”只能在内心和思想形式里寻找根源，正是这思想形式把崇高输送到大自然里去的。

康德区分两类壮美，数学的和力学的壮美。当人们对一对象发生壮美感时，是伴着心情的激动的，而在纯美感里心情是平静的愉悦。那心情的激动，当它被认为是“主观合目的”时，它是经由想象力联系到认识机能，或是联系到欲求机能。在第一种场合里想象力伴着的情调是数学的，即联系于量的评价。在第二种场合里，想象力伴着的情调是力学的，即是产生于力的较量。在两种场合里都赋予对象以壮美的性质。

当我们在数量的比较中向前进展，从男子的高度到一个山的高，从那里到地球的直径，到天河及星云系统，越来越广大的单位，于是自然界里一切伟大东西相形之下都成了渺小，实际上只是在我们的无止境的想象力面前显得渺小，整个自然界对于无限的理性来说成了消逝的东西。歌德诗云：“一切消逝者，只是一象征。”它即是“无限”的一个象征，一个符号而已。因此，量的无限，数学上的大，人类想象力全部使用也不能完全把握它，而在它面前消失了自己，它是超出我们感性里的一切尺度了。

壮美的情绪是包含着想象力不能配合数量的无止境时所产生的不快感，同时却又产生一种快感，即是我们理性里的“观念”是感性界里的尺度所万万不能企及的，配合不上的。在壮美感里我们是前恭而后倨。

力学上的壮美是自然在审美判断中作为“力量”来感触的。但这力量在审美状态中对我们却没有实际的势力,它对于我们作为感性的人固然能引起恐怖,但又激发起我们的力量,这力量并不是自然界的而是精神界的,这力量使我们把那恐怖焦虑之感看作渺小。因此,当关涉到我们的(道德的)最高原则的坚持或放弃时,那势力不再显示为要我们屈服的强大压力,我们在心里感觉到这些原则的任务的壮伟是超越了自然之上。达壮伟作为全面的真正的伟大,只存在我们自己的情调中。

在这里我们见到壮美(崇高)和道德的密切关系。

康德本想把"美"从生活的实践中孤立起来研究,这是形而上学的方法。但现实生活的体验提出了辩证思考的要求。只有唯物辩证法才能全面地、科学地解决美的与艺术的问题。

五

康德生活着的时代在德国是多么富有文学艺术的活跃,在他以前有艺术理论家温克尔曼,对我们启发了希腊的高尚的美的境界,有理论家及创作家莱辛,他是捍卫着现实主义的文艺战士。在康德同时更有伟大的现实主义诗人歌德,现实主义的文艺理论家赫尔德尔。(在他以后有发展和改进了他的美学思想的大诗人席勒和哲学家黑格尔。)这些人的美学思想都是从文学艺术的理论探究中来的,而康德却对他们似乎熟视无睹,从来不提到他们。他对当时轰轰烈烈的文艺界的创造,歌德等人的诗、戏曲、小说,贝多芬、莫扎特等人的音乐,都似乎不感兴趣,从来不提到他们。而他自己却又是第一个替近代资产阶级的哲学建立了一个美学体系的,而这个美学体系却又发生了极大的影响,一直影响到今天的资产阶级的反动美学。这真是值得我们注意和探究的问题。深入地考察和批判康德美学是一个复杂的而又重要的工作,尚待我们的努力。

图书在版编目(CIP)数据

判断力批判.上卷.审美判断力的批判/(德)康德著;宗白华译.—北京:商务印书馆,2017
(汉译世界学术名著丛书:120年纪念版:珍藏本)
ISBN 978-7-100-14835-1

Ⅰ.①判… Ⅱ.①康… ②宗… Ⅲ.①德国古典哲学 Ⅳ.①B516.31

中国版本图书馆CIP数据核字(2017)第158763号

汉译世界学术名著丛书
(120年纪念版·珍藏本)
判 断 力 批 判
上 卷
审美判断力的批判
〔德〕康德 著
宗白华 译

商 务 印 书 馆 出 版
(北京王府井大街36号 邮政编码100710)
商 务 印 书 馆 发 行
北 京 冠 中 印 刷 厂 印 刷
ISBN 978-7-100-14835-1

2017年12月第1版 开本710×1000 1/16
2017年12月北京第1次印刷 印张14¼
定价:75.00元